Pierre Sommet
Armin Volkmar Wernsing
unter Mitarbeit
von Bernhard Schmidt

Allons-y!

Trainingsprogramm
zur französischen
Konversation

Max Hueber Verlag

Zu diesem Buch ist eine Cassette mit Aufnahme sämtlicher Hörverstehenstexte erschienen. Hueber-Nr. 2.3145

CIP-Kurztitelaufnahme der Deutschen Bibliothek

> Sommet, Pierre:
> Allons-y! : Ein Trainingsprogramm für Hörverstehen
> u. Konversation / Pierre Sommet ; Armin Volkmar Wernsing. –
> München [i. e. Ismaning] : Hueber
> NE: Wernsing, Armin Volkmar:
> [Kursteilnehmerh.]. – 1. Aufl. – 1983.
> ISBN 3-19-003145-2

Alle Rechte, auch die des Nachdruckes, der Wiedergabe in jeder Form und der Übersetzung in andere Sprachen, behalten sich Urheber und Verleger vor. Es ist ohne schriftliche Genehmigung des Verlages nicht erlaubt, das Buch oder Teile daraus auf fotomechanischem Weg (Fotokopie, Mikrokopie) zu vervielfältigen oder unter Verwendung elektronischer bzw. mechanischer Systeme zu speichern, systematisch auszuwerten oder zu verbreiten (mit Ausnahme der in den §§ 53, 54 URG ausdrücklich genannten Sonderfälle).

1. Auflage

| 3. 2. 1. | Die letzten Ziffern |
| 1987 86 85 84 83 | bezeichnen Zahl und Jahr des Druckes. |

Alle Drucke dieser Auflage können, da unverändert, nebeneinander benutzt werden.
Umschlaggestaltung: Planungsbüro Winfried J. Jokisch, Düsseldorf
© 1983 Max Hueber Verlag · München
Gesamtherstellung: Pustet, Regensburg
Printed in Germany

ISBN 3-19-003145-2

Table des matières

Einige Hinweise zur Benutzung von «Allons-y!»	4
1. Ça fait longtemps que vous apprenez le français?	6
2. Pas de chance	12
3. Vous n'aimez pas l'ail?	20
4. Alors, tout s'est bien passé hier?	26
5. Ça n'a pas l'air trop grave	32
6. Toujours la même chose	38
7. Ce n'est pas comme chez nous	44
8. Demande aux femmes	50
9. On en reparlera demain	56
10. Parce que je suis Arabe	62
11. Il faut qu'à Paris, ils comprennent	68
12. Fruits défendus	74

Einige Hinweise zur Benutzung von «Allons-y!»

Dieses Lehrwerk soll Ihnen helfen, besser zu verstehen, was ein französischsprachiger Gesprächspartner Ihnen sagt, aber auch, in einem Gespräch Ihre Meinung zu vertreten. Viele Teilnehmer an Sprachkursen wollen vor allem lernen, in der Fremdsprache zu sprechen. Sie sagen oft, daß sie zwar Französisch «gelernt» hätten, es aber nicht anzuwenden wagten. **Allons-y** will Ihnen dazu Mut machen. Darüber hinaus werden Sie bei der Durcharbeitung dieses Buches auch viele Informationen über Frankreich erhalten, die Ihnen für die Verständigung nützlich sein können.

Zunächst soll Ihr Hörverständnis so gefördert werden, daß Sie kurze Dialoge, die «echten» Situationen nachgebildet sind, global, d. h. im Zusammenhang, verstehen können. Dabei kommt es nicht darauf an, daß Sie jedes einzelne Wort erfassen; Sie werden vielmehr lernen, den «roten Faden» einer Diskussion aufzugreifen und sprachlich angemessen zu reagieren. Dazu haben wir uns vorbereitende und erweiternde Übungen ausgedacht, die Ihnen helfen, Ihre Bedürfnisse, Interessen und Meinungen zu artikulieren und über Ihre Erfahrungen zu berichten.

Sei es nun im Rahmen einer Sprachreise, einer Städtepartnerschaft oder einer individuellen Erkundung Frankreichs, Sie werden mannigfaltige Gelegenheit haben, Ihre Kenntnisse und Fertigkeiten anzuwenden. Viele Kursteilnehmer unterschätzen ihre bereits erworbenen Kenntnisse, weil sie es nicht gelernt haben, einmal erlerntes Sprachmaterial auf eine neue Situation zu übertragen. Dies sollen Sie hier üben. Sie werden dabei bemerken, wieviel Sie schon sagen können. Es kann sein, daß Ihnen das eine oder andere Wort für das in Rede stehende Thema fehlt: Wortlisten am Ende einer jeden Lektion oder auch Ihr Kursleiter werden Ihnen jedoch helfen.

Unterstützen kann Sie aber auch Ihr Nachbar oder die gesamte Kursgruppe. Viele Übungen haben wir nämlich so angelegt, daß Sie mit Ihrem Nachbarn in «Partnerarbeit» sprechen oder mit der Kursgruppe reden. Wenn Sie Schwierigkeiten haben, das «richtige» Wort zu treffen, sollten Sie den Kursleiter oder die anderen Teilnehmer ohne Scheu fragen: «Comment dit-on ... en français?»

Allons-y! geht von alltäglichen Situationen aus und führt Sie über touristische Gesprächsanlässe zu anspruchsvolleren Themenstellungen. Jede Lektion ist nach einem ähnlichen Muster aufgebaut. Ausgehend von Ihren ersten Äußerungen zum Thema, erwerben Sie, z. B. durch die Lektüre eines Textes, zunächst das Vokabular, das zum Verstehen des Hörtextes notwendig ist. Übungen im Anschluß an den Hörtext sollen Ihnen ermöglichen, nicht nur kurz zu einem Thema Stellung zu nehmen, sondern sich aktiv an dem Gespräch zu beteiligen. Der nachfolgende schriftliche Text erweitert Ihre Kenntnisse in landeskundlicher Hinsicht und befähigt Sie zunehmend, als gleichberechtigter Partner an Gesprächen mit Franzosen teilzuhaben. Sie werden sehen, das ist einfacher, als Sie dachten.

Die einzelnen Übungen und Texte haben wir mit Zeichen versehen, die Ihnen dabei helfen sollen, die rechte Übungsform zu finden. So bedeutet:

Partnerarbeit: Sie sprechen mit Ihren Nachbarn.

Dieser Text liegt nur auf der Kassette (Tonband) vor: Hören sie aufmerksam zu!

Diesen Text lesen Sie durch, bzw. vor.

Dieses Gespräch sollen Sie mit allen Kursteilnehmern zusammen führen.

Hier sollen Sie etwas schreiben.

Und nun wünschen wir Ihnen viel Spaß und Erfolg mit **Allons-y!**

Pierre Sommet
Armin Volkmar Wernsing
unter Mitarbeit von Bernhard Schmidt

1 Ça fait longtemps que vous apprenez le français?

1. Qu'est-ce qui a changé?

2. Les cours de français à l'Université populaire

Lisez d'abord le texte et demandez à votre voisin(e) ou à l'animateur/l'animatrice de vous expliquer les mots ou les expressions que vous n'avez pas compris. Posez aussi des questions sur le texte.

Les cours de français ont lieu en général le matin et le soir. Pour les femmes au foyer, c'est souvent l'occasion de nouer des contacts avec d'autres mères de famille. Les VHS organisent des cours pour les débutants et pour les personnes qui veulent perfectionner leur français; souvent elles ont appris le français il y a longtemps déjà à l'école ou au lycée et manquent de pratique. C'est agréable d'apprendre le français à L'Université populaire. D'abord, il n'y a pas de notes! En plus, les personnes qui viennent suivre les cours sont motivées et il a y presque tout le temps une bonne ambiance. Bien sûr, il y a beaucoup de participants qui ont peur de parler et de faire des fautes. Mais c'est pourtant comme ça qu'on fait des progrès!

3. Ecoutez maintenant le dialogue.

Vous avez tout compris? Demandez à votre voisin(e)

> Exemple: «Est-ce que M. Fischer … ?»

a) si M. Fischer a appris le français seulement à la VHS
b) d'où vient Monique Dutour
c) pourquoi Mme Schley apprend le français
d) si les participants au cours de Monique Dutour se débrouillent bien en français
e) si M. Merkel a aimé le cours de M. Bernadot
f) ……
g) ……

4. Et maintenant, vous voulez peut-être savoir si un(e) autre participant(e) au cours

> Exemple a):
> «Où avez-vous appris le français» ou bien «Vous avez appris le français où?»
> Exemple b):
> «Vous trouvez …?» ou bien «Est-ce que …?»

a) a déjà appris le français au lycée ou ailleurs. Pendant combien de temps? Est-ce que l'enseignement était intéressant?
b) manque (lui/elle aussi?) de pratique
c) trouve que ce serait une bonne idée de faire un voyage en France avec le groupe. Si oui, où? Quand? Comment?
d) préfère vous tutoyer ou vous vouvoyer
e) ……

5. Pour vous exercer un peu

On vous demande:	Vous répondez:
Pourquoi est-ce que vous venez suivre ce cours?	Pour perfectionner mon français. Pour …………………………
Ça fait longtemps que vous avez appris le français à l'école?	Il y a bien … ans.
Vous êtes déjà allé(e) en France?	
Quand vous parlez français, vous avez peur de faire des fautes?	
………………………… ?	

Pour vous aider

> pour rafraîchir mes connaissances
> pour ne pas «rouiller»
> parce que j'ai besoin du français dans ma profession
> J'ai appris le français pendant cinq ans, il y a quinze ans, déjà.
> J'ai appris à parler le français en France quand j'étais prisonnier.
> Je n'ai jamais été en France.
> J'ai peur de faire des fautes.
> J'ai peur d'avoir une mauvaise prononciation.
> Je suis inhibé(e).
> Ça m'est complètement égal de faire des fautes.
> L'important, c'est de parler.

 6. Qu'en dites-vous?

a) Comment avez-vous appris le français à l'école? L'enseignement était-il intéressant?
b) Est-ce que vous trouvez que les Français s'expriment correctement? Qu'est-ce qui vous a frappé dans leur façon de parler?
c) Comment trouvez-vous la méthode dans votre cours de français à l'Université populaire? Motivante? Ennuyeuse? Communicative? Faites des propositions pour améliorer le cours.

d) Est-ce que vous préférez apprendre un français très correct ou bien un français un peu plus familier? Est-ce que vous trouvez que c'est important de comprendre l'argot?
e) Est-ce que vous connaissez des tuyaux pour apprendre plus facilement le français?

7. Des mots pour le dire

a) Pourquoi apprendre le français?

rafraîchir ses connaissances	seine Kenntnisse auffrischen
perfectionner son français	sein Französisch verbessern
améliorer sa prononciation	seine Aussprache verbessern
je manque de pratique	mir fehlt die Praxis
nouer des contacts	Kontakte knüpfen
j'ai besoin du français dans ma profession	ich brauche Französisch für meinen Beruf
aider les enfants à faire leurs devoirs	den Kindern bei den Hausaufgaben helfen

b) Le groupe

l'animateur/l'animatrice	Kursleiter/Kursleiterin
les participants	Teilnehmer
un(e) débutant(e)	Anfänger(in)
un faux débutant	Anfänger mit Vorkenntnissen
un avancé	Fortgeschrittener
une bonne ambiance	eine gute Atmosphäre
être inhibé(e)	gehemmt sein

c) La méthode

connaître des bons tuyaux	gute Tips kennen
travailler en tandem	in Partnerarbeit arbeiten
travailler en petits groupes	in Kleingruppenarbeit arbeiten
faire des progrès	Fortschritte machen
parler couramment	fließend sprechen
je voudrais vous poser une question	ich möchte Ihnen eine Frage stellen
traduire	übersetzen
un français soigné	ein gepflegtes Französisch
tutoyer	duzen
vouvoyer	siezen

d) Des phrases utiles

Mme Müller se fait excuser	Mme Müller läßt sich entschuldigen
Excusez-moi de venir en retard, mais ...	Entschuldigen Sie, daß ich zu spät komme, aber ...
Je peux ouvrir la fenêtre?	Darf ich das Fenster öffnen?
Ça vous gêne si ...?	Stört es sie, wenn ...?
Je lis?	Soll ich lesen?
Je peux poser une question en allemand?	Darf ich eine Frage auf deutsch stellen?
On peut s'asseoir en demi-cercle?	Können wir uns im Halbkreis setzen?
Nous en sommes à quelle page?	Auf welcher Seite sind wir?
Je n'ai pas tout à fait compris.	Ich habe nicht ganz verstanden.
Vous pourriez expliquer encore une fois?	Könnten Sie das nochmal erklären?
Un(e) ... C'est quoi au juste?	Ein ... Was ist das (eigentlich)?
Je vais regarder dans le dictionnaire.	Ich werde im Wörterbuch nachsehen.

e) Quelques expressions familières

c'est barbant	es ist stinklangweilig
c'est marrant	es ist lustig
c'est vachement bien	es ist unheimlich gut
la bagnole	die Karre
super!	Klasse!
le fric	die Mäuse (Geld)
je m'en fous	es ist mir wurscht
j'en ai marre	ich habe die Nase voll
j'en ai ras-le-bol	mir reicht es

Vous en connaissez d'autres?

2 Pas de chance

1. Comment est-ce que vous aimez passer vos vacances?

GREZES - 96 «Bicayre»
Maison ancienne, indépendante; terrain clos; garage; animaux acceptés.
Hébergement: 7 personnes avec 2 lits de 140, 1 lit de 90 et 1 lit de 125; séjour avec coin cuisine et cheminée; salle d'eau; w.c. indépendant; chauffage cheminée.
Loisirs: Equitation, piscine, tennis à 6 km; pêche, rivière à 4 km; étang 6 km.
Prix: location par semaine:
Juillet/Août . . . . 660 F

DOUVILLE
«CAMPING ♦♦♦»

CAPACITE
250 campeurs
Site ombragé; piscine privée; baignade privée; club hippique; pédalos; jeux; restaurant.

A VOIR A PROXIMITE
BERGERAC;
Vieille ville – Musée du Tabac
Route des Vins
Route du Tabac

PRIX PAR JOUR
Emplacement 11 F;
par personne 10 F;
gratuité pour les enfants
de moins de 5 ans –
branchement électrique 7 F.

38640 GRENOBLE – CLAIX
Les Oiseaux
T. (76) 98.07.74 P. VAGNOT
Ouvert: 15/01 au 15/11
Fermé le vendredi
du 15/09 au 15/04
*Site privilégié
près d'un grand centre*

74

2. Racontez l'histoire et inventez la fin.

Pour vous aider

Ils font du bruit.
Ils se plaignent.

 ## 3. Ecoutez maintenant le dialogue.

 Vous avez tout compris? Demandez à votre voisin(e)

a) si Sylvie et Jacques sont mariés
b) de quelle ville ils viennent
c) comment et où ils passent leurs vacances
d) s'ils ont des difficultés
e) ce que propose l'employée de l'hôtel
f) ......

 ## 4. Et maintenant, vous voulez peut-être savoir si un(e) autre participant(e) au cours

a) préfère faire du camping ou du caravaning ou bien préfère loger à l'hôtel
b) a déjà passé ses vacances en France. Si oui, où et de quelle façon?
c) n'a pas eu le moindre problème
d) réagirait de la même façon que les deux jeunes dans une situation identique
e) ......

5. Pour vous exercer un peu

On vous demande:	Vous répondez:
Vous êtes parti(e) où en vacances cette année/cet été? Combien de temps est-ce que vous êtes resté(e)?	On a été/j'ai été à ... en/au ... Nous n'avons pas pu partir parce que ...
Vous avez passé de bonnes vacances? Vous avez été content(e) de votre séjour?	Ah oui! C'était formidable. Je/on ... Eh bien, j'ai été plutôt déçu(e) parce que ... C'était complétement raté. Je/on ...

Pour vous aider

> C'était chouette/reposant.
> J'étais dans un petit coin bien tranquille et pas cher.
> On a eu un temps splendide.
> J'ai pu me baigner chaque jour.
> J'ai fait des excursions intéressantes à ...
> Les gens étaient très sympathiques.
> Je peux vraiment vous recommander cet endroit. Allez-y donc un jour!

> C'était moche/pas du tout reposant.
> C'était ennuyeux. Il n'y avait rien d'intéressant à visiter.
> Il y avait un monde fou!
> Un vrai piège à touristes! Horriblement cher!
> La plage était sale/dégoûtante.
> Il y avait partout du goudron et des papiers gras.
> On était serré comme des sardines.
> Il a fait un sale temps.
> Il a plu sans arrêt/Il a fait un froid de canard. N'y allez surtout pas!

6. Pour en savoir plus

Cet été la France

Une brochure du secrétariat d'État au Tourisme: description des stations avec des adresses utiles, des tarifs, des centres d'intérêt ...
S'adresser auprès des offices de tourisme départementaux ou dans les bureaux de Tourisme de la S.N.C.F. ou au secrétariat d'État au Tourisme, 8, avenue de l'Opéra, 75041 Paris Cedex 01.

Auberges de Jeunesse

- Fédération unie des Auberges de jeunesse (FUAJ)
  6, rue Mesnil, F 75116 Paris
- Ligue Française pour les Auberges de jeunesse
  38, bd Raspail, F 75007 Paris

Camping

- Fédération française de Camping et Caravaning
  78, rue de Rivoli, F 75004 Paris

Le guide des vacances sans problème

Des renseignements pratiques et des adresses pour réussir vos vacances en France ou à l'étranger. Vous pouvez également obtenir la carte «Route libre» avec les itinéraires «Emeraude», les itinéraires conseillés, etc.
S'adresser dans les agences de la Banque Populaire ou à B.P., 131, avenue de Wagram, 75847 Paris Cedex 17.

Echange d'appartements

- Holiday Service
  Fischbach 108, 8640 Kronach
- Intervac Germany,
  Verdiweg 8, 7021 Musberg

Le guide pratique du voyageur

Toutes les précisions sur les réservations, les bagages, les animaux, les réductions de tarifs, les remboursements de billets, avec des dépliants «train + vélo», «train + auto».
S'adresser dans toutes les gares ou à la S.N.C.F., B.P. 23409, 75436 Paris Cedex 09.

7. Qu'en dites-vous?

a) Le stress en vacances, pour vous, qu'est-ce que c'est?
b) En France, comme partout, tout est loin d'être parfait. Certaines choses vous ont-elles choqué(e)? Quoi par exemple?
c) Est-ce que les gens en vacances ont le même comportement que chez eux? Est-ce que vous avez remarqué des différences?
d) Imaginez que vous êtes en France et que vous vous trouvez dans une situation désagréable (dans le train, par exemple, ou bien au restaurant). Travaillez en petits groupes:
   - Trouvez les personnages

- Choisissez maintenant vos rôles. Les uns se plaignent, les autres réagissent.
- Jouez la situation devant le groupe.

e) Est-ce qu'à notre époque, l'aventure existe encore? Avez-vous déjà fait une telle expérience?

8. Des mots pour le dire

a) Pour préparer ensemble un voyage en France

On pourrait aller où?	Wo könnten wir hinfahren?
On part quand?	Wann fahren wir los?
Combien de temps est-ce qu'on va rester à …?	Wie lange werden wir in … bleiben?
se renseigner auprès d'une agence de voyages	sich bei einem Reisebüro erkundigen
écrire à un syndicat d'initiative	ein Verkehrsamt anschreiben
faire un tour à …	eine Stippvisite nach … machen
passer le week-end à …	das Wochenende in … verbringen
passer une huitaine de jours à …	ungefähr eine Woche in … verbringen
partir le vendredi soir	am Freitagabend losfahren
le samedi matin très tôt	am frühen Samstagmorgen losfahren
commander des prospectus	Prospekte bestellen
des dépliants	Faltblätter bestellen
la liste des hôtels/ des pensions	die Liste der Hotels/der Pensionen bestellen
demander le programme des manifestations culturelles	den Veranstaltungskalender anfordern
louer un autocar	einen Bus mieten
demander à la gare les horaires des trains	sich am Bahnhof nach den Abfahrtszeiten erkundigen
choisir un itinéraire varié	eine abwechslungsreiche Route aussuchen
visiter une cave	einen Weinkeller besichtigen
visiter une usine	eine Fabrik besichtigen
demander une réduction pour groupes	eine Gruppenermäßigung erfragen
réserver longtemps à l'avance	lange im voraus reservieren

b) Pour accueillir des Français chez vous

Vous avez fait bon voyage?	Haben Sie eine gute Reise gehabt?
Le voyage n'a pas été trop long?	Die Reise war nicht zu lang?

Le voyage n'a pas été trop pénible?	Die Reise war nicht zu anstrengend?
Vous êtes bien Madame Servet?	Sie sind Frau Servet, nicht wahr?
Mettez-vous à l'aise!	Machen Sie es sich bequem!
Faites comme chez vous!	Tun Sie, als ob sie zuhause wären!
Je vous souhaite la bienvenue	Herzlich willkommen!
Soyez les bienvenus!	Herzlich Willkommen!
Ça nous fait plaisir de faire votre connaissance.	Wir freuen uns sehr, Sie kennenzulernen.
Je vous sers un petit verre de …?	Kann ich Ihnen ein Gläschen anbieten?
Suivez-moi, je vais vous faire voir votre chambre.	Kommen Sie mit, ich zeige Ihnen Ihr Zimmer.
Si vous voulez bien me suivre …	Kommen Sie bitte mit.
Dites, ça ne vous gêne pas trop si …?	Sagen Sie mal, stört es Sie, wenn …?
Où sont les toilettes, s'il vous plaît?	Wo ist die Toilette?
Vous avez tout ce qu'il vous faut?	Haben Sie alles, was Sie brauchen?
Vous avez besoin de quelque chose?	Brauchen Sie noch etwas?
Et surtout, n'hésitez pas à nous le dire.	Haben Sie bitte keine Angst, mir zu sagen, wenn Sie noch etwas brauchen.

3 Vous n'aimez pas l'ail?

1. Je ne comprends pas comment on peut manger ça.

2. L'aïoli, c'est quoi au juste?

Pour six personnes, il faut:

Sauce:
2 jaunes d'œufs
³/₄ litre d'huile d'olive
5 gousses d'ail
½ jus de citron

Garniture:
1 morue au sel
12 carottes
12 pommes de terre
6 artichauts
½ kg de haricots verts
6 œufs durs
½ kg d'escargots

Mettre la morue à dessaler dans une bassine d'eau froide.
Changer l'eau 2 ou 3 fois.
Faire cuire la morue et la garder au chaud.
Faire cuire les pommes de terre dans leur peau, peler et cuire les carottes, les haricots et les artichauts. Faire cuire les œufs. Faire cuire les escargots dans un court bouillon.

Préparer la sauce:

Eplucher les gousses d'ail et les écraser. Ajouter un peu de sel et de poivre. Ajouter les jaunes d'œufs et, en tournant sans interruption, ajouter l'huile goutte à goutte. Ajouter ensuite le jus de citron. Continuer à tourner. On obtient alors une sorte de mayonnaise.
Servir la sauce dans un bol au milieu de la garniture qui doit être très chaude.

a) Vous ne comprenez pas tout? Demandez des explications à votre voisin(e) ou à l'animateur.
b) Est-ce que vous auriez envie de goûter ce plat provençal?

3. Ecoutez maintenant le dialogue.

 Vous avez tout compris? Demandez à votre voisin(e)

    a) où Klaus et Martina passent leurs vacances
    b) ce qu'on peut mettre dans la sauce aïoli
    c) si Klaus et Martina aiment l'ail et en mangent souvent
    d) ......

 4. Et maintenant, vous voulez peut-être savoir si un(e) autre participant(e) au cours

    a) connaît le Midi. Si oui, où est-il/elle déjà allé(e)? Si non, demandez-lui s'il/si elle connaît une autre région française
    b) a déjà été invité(e) chez des Français. Si oui, qu'est-ce qu'il/elle a mangé?
    c) connaît d'autres spécialités françaises
    d) comment il/elle réagirait à la place des deux jeunes Allemands. Est-ce qu'il/elle mangerait de l'aïoli ou refuserait d'en prendre?
    e) préfère la cuisine allemande à la cuisine française. Pourquoi? Pourquoi pas?

 5. Pour vous exercer un peu

On vous propose:	Vous acceptez ou vous refusez:
Allez-y! Prenez des cuisses de grenouilles!	Volontiers. Je n'ai jamais mangé de cuisses de grenouilles, mais ça sent bon!
Je vous sers des huîtres?	Non merci, je n'aime pas trop ...
Vous aimez les escargots?	
Vous avez déjà mangé des oursins?	
Ah! Rien de meilleur que les bons fruits de mer!	
Vous aimez certainement les tripes?	

Pour vous aider

pour accepter:	pour refuser:
Je veux bien, merci. Je ne dis pas non. Je ne refuse pas. Juste un petit peu, s.v.p. Très volontiers.	Je ne sais pas … C'est bon? Non, merci, vraiment. Je n'en peux plus. Je n'aime pas tellement ça. Je préférerais …

6. Pour en savoir plus

La vraie salade niçoise

C'est un plat régional très connu. Donc, on peut la manger partout. C'est une salade. Donc, on peut y mettre n'importe quoi. C'est simple. Donc, tout le monde peut la préparer.
Juste? Non, c'est faux. Très souvent, on ne vous sert pas une salade niçoise, mais un ersatz insipide …
Dans la vraie niçoise, il n'y a pas de légumes bouillis, pas de pommes de terre.

Il y a ● des tomates ● du concombre ● du poivron vert ● des olives noires ● des œufs durs ● des petits oignons ● de l'ail (bien sûr) ● du basilic (très important) ●des petits artichauts frais **ou** des fèves fraîches ●des filets d'anchois **ou** du thon.

Dans la sauce vinaigrette il y a ● de l'huile d'olive ● du vinaigre (ou du citron) ● sel, poivre ● un peu de moutarde forte.

Essayez-la donc!

7. Qu'en dites-vous?

a) Est-ce que vous aimez faire la cuisine? Quoi, surtout?
b) Quelles spécialités allemandes est-ce que vous feriez goûter à des amis français?
c) Connaissez-vous de bonnes recettes françaises? Est-ce que vous pouvez en expliquer une au groupe?
d) Qu'est-ce qu'on pourrait manger ensemble à la fin du cours? Et où? Connaissez-vous un «bon petit restaurant» français? On pourrait aussi déguster une spécialité française au cours. Laquelle?

e) Trouvez-vous que les Français vivent pour manger? Trouvez-vous que les Allemands vivent pour travailler? Et vous-même?
f) «J'aimerais bien préparer de bons plats; mais je dois faire attention à ma ligne.» Cette opinion est-elle justifiée?
g) La Provence n'est pas seulement le pays des bonnes recettes de cuisine. Avez-vous déjà entendu parler des problèmes de cette région?

8. Encore une recette fameuse: La bouillabaisse

Pour 6 personnes

environ 2 kg de poisson de roche
2 cuillerées à soupe d'huile d'olive
2 gousses d'ail
sel, poivre
persil
1 oignon émincé
2 tomates pelées et épépinées
laurier
1 cuillerée de concentré de tomates
fenouil
1 boîte de safran
tranches de pain rassis ou séché au four

Mettre le poisson dans une grande marmite avec tous les ingrédients. Laisser mariner quelques heures si possible.
Poser sur un feu très vif. Quand le poisson est chaud, ajouter de l'eau bouillante pour le recouvrir. Laisser cuire à gros bouillons 15 minutes. (On peut remplacer l'eau par un bouillon de soupe de poisson.) Après avoir retiré du feu, passer le liquide et le verser sur des tranches de pain rassis. Dresser le poisson sur un plat et le servir en même temps que le bouillon. Accompagner de rouille.

le poisson de roche: in felsigen Küstengewässern lebender Fisch; (nehmen Sie mindestens 4 verschiedene Sorten – auch tiefgefroren –) *émincé*: coupé en tranches fines; *épépiné*: von Kernen befreit; *le fenouil*: Fenchel; *rassis*: altbacken; *un ingrédient*: Zutat; *à gros bouillons*: heftig (kochend); *passer*: durchseihen; *la rouille*: provenzalische Gewürzzubereitung (kann man in kleinen Dosen kaufen)

9. Des mots pour le dire

les escargots	Schnecken
les cuisses de grenouilles	Froschschenkel
les fruits de mer	Meeresfrüchte
les huîtres	Austern
les moules	Muscheln
le coq au vin	Hähnchen in Rotwein
le cassoulet	Bohneneintopf (aus dem Languedoc)
les tripes	Kaldauen, Kutteln, Gekröse
un oursin	Seeigel
le potage aux pois	Erbsensuppe
le pied de porc	Eisbein
la choucroute	Sauerkraut
la saucisse	Würstchen
le jambonneau	Schweinshaxe
le gourmet	Feinschmecker
le gourmand	Schlemmer, Vielfraß
gourmand	naschhaft
épicé	gewürzt, kräftig
succulent	schmackhaft
délicieux	köstlich
dégoûtant	unappetitlich, ekelhaft
infect	widerlich
indigeste	unverdaulich, ungenießbar
fade	fad, geschmacklos
en reprendre	noch einmal nehmen
déguster	kosten, probieren
raffoler de qc.	für etwas schwärmen
adorer	sehr gern haben/essen
détester	verabscheuen
cela me met l'eau à la bouche	das Wasser läuft mir im Mund zusammen
avoir une faim de loup avoir l'estomac dans les talons	einen Bärenhunger haben

4 Alors, tout s'est bien passé hier?

 1. Commentez le plan.

Comment fait-on pour aller de Moers à Orléans?

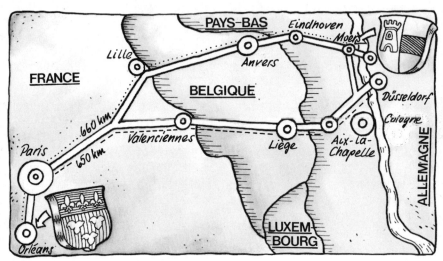

 2. Vacances actives à Vichy

Lisez d'abord le texte et demandez à votre voisin(e) ou à l'animateur/l'animatrice de vous expliquer les mots ou les expressions que vous n'avez pas compris. Posez aussi des questions sur le texte.

Depuis quatre ans, des participants aux cours de français de l'Université populaire de Krefeld font un séjour linguistique d'une dizaine de jours au mois de mai à Vichy. Ce sont les familles dans lesquelles ils sont logés qui viennent les accueillir à la gare. Les stagiaires ont cinq heures d'enseignement par jour, dont une heure en laboratoire des langues. En outre, ils font des excursions très variées en Auvergne. En 1982, ils ont visité les vieilles églises romanes d'Auvergne et le Puy, une ville qui vaut vraiment la peine d'être vue. Mais il ne s'agit pas seulement d'un séjour touristique. Grâce à la «vie de famille», ils peuvent nouer des contacts avec la population locale et observer de près la réalité française.

3. Ecoutez maintenant le dialogue.

Vous avez tout compris? Demandez à votre voisin(e)

a) ce que fait le groupe de Moers à Orléans
b) où les participants sont logés
c) ce que le groupe a fait après le laboratoire de langues
d) si tout le monde a compris ce que M. Mangin a raconté
e) comment M. Käfer a passé la soirée
f) où sont allées les trois dames
g) ......

4. Et maintenant, vous voulez peut-être savoir si un(e) autre participant(e) au cours

a) a la possibilité ou non de participer à un séjour linguistique. Si non, pourquoi?
b) voudrait participer à un tel séjour en France avec un groupe d'adultes
c) a déjà pris part à un séjour linguistique. Si oui, est-ce qu'il(elle) a logé à l'hôtel ou dans une famille. Ça lui a plu?
d) peut vous expliquer comment faire pour aller de votre ville à la ville jumelée avec la vôtre
e) a des amis français. Si oui, comment est-ce qu'il(elle) a fait leur connaissance?
f) connaît des associations qui accueillent des étrangers dans votre ville. Que font ces associations?
g) connaît le nom français de la région ou du Land où vous habitez
h) ......

5. Pour vous exercer un peu

On vous demande:	Vous répondez:
Vous pouvez recevoir des Français pendant une semaine?	Je trouve que ce n'est pas une mauvaise idée. Je vais y réfléchir. Je voudrais bien, mais ...
Vous pouvez accueillir une jeune Française au pair pendant un an? Vous pouvez accueillir un jeune lycéen pendant les grandes vacances?	....

6. Pour en savoir plus

Choisissez vos activités.

Distractions proposées par le Centre International d'Etudes Françaises de l'Université de Dijon dans le cadre des **cours internationaux d'été:**

- **Cours de pâtisserie et de cuisine des provinces de France et cours d'Art de la Table.**

    Sous la direction de professeurs de cuisine d'un lycée hôtelier, les étudiants préparent un repas typique, étudient la présentation de la table, des mets et des vins. Le repas réunit professeurs et étudiants.

- **Dimanche à la campagne**

    Les étudiants peuvent être invités à passer un dimanche à la campagne par une famille bourguignonne.

- **Accueil dans les familles**

    Un service particulier est chargé de procurer aux étudiants l'occasion d'être reçus par les habitants de la ville.

- **Spectacles**

    3 séances hebdomadaires de cinéma (courts métrages et grands films); des représentations théâtrales, poétiques, musicales.

- **Deux fêtes**

    (juillet-août) au cours desquelles les étudiants de chaque nationalité présentent sketches, danses, chants ... (Apporter instruments de musique et costumes régionaux!).

- **Activités sportives**

    Tennis, volley, basket-ball sur le campus, sous la direction d'un professeur d'éducation physique; tournoi de tennis des Cours d'Été.
    Football: stage intensif de quatre semaines. Droit supplémentaire d'inscription. Se renseigner auprès du responsable du SOCCER CAMP.

- **Réceptions**

    Par la Municipalité, le Comité de la Foire Gastronomique et la Commanderie des Cordons Bleus, la Confrérie des Chevaliers du Tastevin au Château du Clos-Vougeot, l'Amicale Bourgogne-Rhénanie-Palatinat ...

Pour tous renseignements, écrivez au:

Centre international d'Études Françaises
36, rue Chabot-Charny
21000 Dijon FRANCE

7. Qu'en dites-vous?

a) Quels sont les avantages et les inconvénients des voyages organisés?
b) Quels problèmes peut-il y avoir quand on séjourne dans une famille à l'étranger? Quels conflits peuvent surgir dans le groupe?
c) Ça vous intéresserait de préparer ensemble un programme pour un voyage en France/Belgique avec le groupe à la fin du semestre? Si oui, discutez-en:

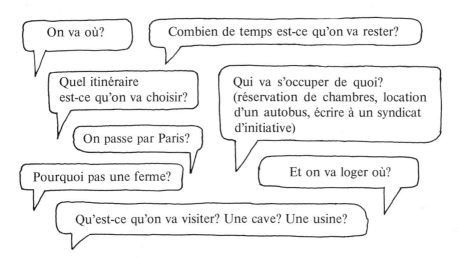

Quelques adresses pour vous aider:

Auskunftsbüro des Französischen Amtlichen Verkehrsbüros

1. Berliner Allee 26
   4000 Düsseldorf, Tel. 02 11/32 85 64

2. Westendstraße 47
   6000 Frankfurt/Main, Tel. 06 11/75 20 29

3. Vertretung der Französischen Eisenbahn
   Rüsterstraße 11
   6000 Frankfurt/Main 1, Tel. 06 11/72 84 44

Belgisches Verkehrsamt
Berliner Allee 47
4000 Düsseldorf, Tel. 02 11/32 60 08

d) Vous accueillez des amis français chez vous. Quelles curiosités de votre ville est-ce que vous allez leur montrer? Ils vont rester une semaine. Faites un programme pour leur séjour.

8. Des mots pour le dire

a) Partir en vacances, bien sûr! Mais où?

aller au bord de la mer	ans Meer fahren
aller à la montagne	ins Gebirge fahren
aller à la campagne	aufs Land fahren
passer ses vacances à l'étranger	seine Ferien im Ausland verbringen
en France – **en** Autriche – **au** Danemark	**in** Frankreich – **in** Österreich – **in** Dänemark
passer huit jours à …	eine Woche in … verbringen
passer une quinzaine de jours à …	zwei Wochen in … verbringen
aller en Bavière	nach Bayern fahren
en Provence	in die Provence fahren
rester chez soi	zuhause bleiben
prendre son auto-caravane[1] et faire la Grèce	mit dem Wohnwagen eine Tour durch Griechenland machen

b) Comment passer ses vacances?

loger à l'hôtel	im Hotel übernachten
prendre une petite pension pas chère	eine billige Pension nehmen
loger dans une ferme	auf dem Bauernhof übernachten
loger chez l'habitant	bei Einheimischen wohnen
être hôte payant	zahlender Gast sein
louer un gîte rural	ein Zimmer auf dem Bauernhof mieten
faire du camping	zelten
faire du camping sauvage	auf irgendeinem Feld zelten
séjourner dans un village de vacances	sich in einem Feriendorf aufhalten
séjourner dans une auberge de jeunesse	in einer Jugendherberge übernachten
faire du tourisme en caravane[2]	im Wohnwagen reisen
faire du nudisme	einen FKK-Urlaub machen

1) 2) mots nouveaux d'après le journal officiel
   (3 avril 1982)

c) Que faire pendant les vacances?

bronzer	sich bräunen
lézarder	sich aalen

prendre des bains de soleil	Sonnenbäder nehmen
se baigner chaque jour	jeden Tag baden
passer des vacances actives	einen Aktivurlaub verbringen
participer à un stage de voile	einen Segelkurs machen
à un stage de poterie	einen Töpferkurs machen
faire du tennis	Tennis spielen
faire du cheval	reiten
faire de l'alpinisme	bergsteigen
faire de la voile/de la planche à voile	segeln/surfen
faire des excursions	Ausflüge machen
visiter la région	die Gegend besichtigen
faire des randonnées	wandern
faire des promenades à vélo	Radtouren machen
faire du pédalo	Tretboot fahren
faire la connaissance de Français	Franzosen kennenlernen
suivre des cours de français	einen Französischkurs besuchen

5 Ça n'a pas l'air trop grave

 1. D'accord ou pas d'accord?

Il faudrait interdire le centre-ville aux automobiles. Vous êtes d'accord ou pas d'accord? Pourquoi?

2. Qu'est-ce qui a pu se passer?

Pour vous aider: un bouchon: Stau
 renversé: umgekippt
 glissant: glatt

 3. Ecoutez maintenant le dialogue.

 Vous avez tout compris? Demandez à votre voisin(e)

a) pourquoi M. et Mme Garcin sont allés à Nice
b) où s'est passé l'accident

c) s'il s'agit d'un accident grave
d) ce que disent les témoins
e) si la voiture de M. Lartigue est complètement abîmée
f) si les deux automobilistes sont d'accord pour faire un constat à l'amiable
g) ......

4. Et maintenant, vous voulez peut-être savoir si un(e) autre participant(e) au cours

a) aime conduire ou non
b) a déjà essayé de conduire dans Paris et ce qu'il/elle en pense
c) a déjà eu un accident de voiture ou a déjà été témoin d'un accident
d) et dans quelles circonstances? Quels étaient les dommages?
e) trouve que les dimanches sans autos sont une bonne chose. Pourquoi? Pourquoi pas?
f) se montre quelquefois agressif/agressive au volant. Dans quelles circonstances?

5. Pour vous exercer un peu

En France, vous avez un accident de voiture. C'est vous qui êtes en tort:

l'autre automobiliste vous dit:	Vous gardez votre calme:
Vous ne pouviez pas faire attention, non? Où est-ce que vous avez appris à conduire? De toute façon, c'est vous qui êtes en tort. Le mieux, c'est d'appeler un agent.	Je suis désolé(e), mais ...

Pour vous aider

> Mais calmez-vous, ce n'est pas si grave que ça.
> Ça ne sert à rien de s'énerver. Je m'énerve, moi?
> Oui, je reconnais que je suis en tort.
> J'admets que c'est ma faute.
> Vous n'êtes pas contre un constat à l'amiable?

En France, vous roulez trop vite sur l'autoroute. Un CRS vous arrête.

Il vous dit:	Vous cherchez une excuse:
Montrez-moi vos papiers, s'il vous plaît. Vous savez que c'est interdit de dépasser le 130?	Euh ... non, non, je suis étranger. Vraiment? Non, je n'en savais rien. En Allemagne, ce n'est pas comme ça. Je suis vraiment navré(e).

 6. Pour en savoir plus

Vous avez l'intention de passer vos vacances dans le Midi?
Vous savez qu'au mois d'août, les Français partent tous en même temps en vacances. Le résultat: des embouteillages monstres, surtout dans le Midi. Si vous avez l'intention de passer vos vacances en France à cette date, écrivez auparavant au Ministère des Transports-Direction des Routes et de la Circulation Routière, 244, Boulevard St-Germain, 75007 Paris. On vous enverra gratuitement la carte de Bison Fûté, qui vous aidera à éviter les bouchons, les embouteillages et les risques d'accident.

 7. Qu'en dites-vous?

a) Vantez aux autres les qualités de votre voiture, et si vous êtes un écolo, celles de votre vélo.
b) Quelles sont les causes les plus fréquentes des accidents en ville?
c) Quelles sont à votre avis les qualités essentielles d'un bon conducteur/d'une bonne conductrice?
d) Est-ce que vous connaissez des gens qui conduisent particulièrement mal? Selon les statistiques, les femmes ont moins d'accidents. Pourquoi, à votre avis?
e) Travail en petits groupes: imaginez un accident en ville.
   - Décrivez les circonstances de cet accident. Faites-en un dessin.
   - Choisissez ensuite vos rôles (par exemple, les automobilistes, le cycliste, les témoins, l'agent de police)
   - Jouez la scène devant les autres.
f) Est-ce que vous trouvez que la zone piétonnière de votre ville est assez grande? Est-ce qu'il faudrait des pistes cyclables au centre-ville? Qu'en pensent les politiciens de votre ville?

8. Après l'horrible accident de Beaune

Sur l'autoroute du Soleil, quarante-quatre enfants qui partaient le 31 juillet en colonie de vacances en Savoie, ont trouvé la mort dans un horrible accident de car. La cause de l'accident? On ne la connaîtra jamais, puisque les deux autocars ont été complétement détruits par le feu. La route était mouillée et on suppose que les deux véhicules roulaient trop vite. Au printemps 1982, Pierre Mauroy promet de réduire d'un tiers en cinq ans le nombre des morts sur la route. Il y en a près de treize mille par an. On se pose une question: et si le moment était venu de réduire la vitesse autorisée en France? Nous roulons à 60 km/h en ville. Les Autrichiens à cinquante, les Belges à 50, les Finlandais à 50, les Grecs à 50, les Irlandais à 50. Les Italiens eux aussi à 50, les Norvégiens, les Hollandais, les Polonais, les Allemands (de l'Est comme de l'Ouest), les Suédois, les Turcs, les Anglais: tous à 50.

En France, on n'aime pas les questions pertinentes. Nous roulons trop vite? Allons donc, répond-on au Ministère des Transports. Sur les autoroutes? Nous faisons du 130 km/h. Les Belges, les Bulgares, les Espagnols, les Finlandais et les Portugais roulent à 120. Les Anglais, les Suédois à 110. Les Grecs, les Hollandais, les Allemands de l'Est à 100. Les Russes, les Polonais et les Américains à 90. Ne parlons pas des Japonais, ces gens-là, bien sûr, ne sont pas comme nous.

Un de nos lecteurs allemands, Wolfgang Willig, nous écrit: «Je passe chaque année depuis 1972 au moins un mois en France. Alors que personnellement je respecte les 60 km/h, je constate qu'il n'en est pas de même pour les conducteurs français qui, eux me dépassent: ils n'ont pas à craindre un contrôle radar. Il y en a si peu. Pauvres piétons!» Claude Fisher, un enseignant de la conduite du Havre: «Le taux maximal d'alcool dans le sang autorisé en France est de 0,8 gramme par litre de sang. Il est en Scandinavie et en Grande-Bretagne de 0,5, un seuil déjà reconnu par tous les experts comme dangereux.»
A la suite de l'accident de Beaune, les Français vont-ils changer de mentalité?

Texte adapté d'après le Nouvel Observateur du 6.8.1982

9. Des mots pour le dire

a) En ville

rentrer dans une autre voiture	mit einem anderen Wagen zusammenstoßen
entrer en collision avec un autre véhicule	einen Zusammenstoß mit einem anderen Fahrzeug haben
un croisement dangereux	eine gefährliche Kreuzung

griller un feu rouge	bei rot fahren
un stop	ein Stopschild überfahren
rouler en sens interdit	eine Einbahnstraße in falscher Richtung befahren
le pare-brise est endommagé	die Windschutzscheibe ist beschädigt
un peu cabossé	ein bißchen verbeult
ne pas respecter la priorité à droite	die Vorfahrt nicht beachten
montrer ses papiers	seine Papiere vorzeigen
son permis de conduire	seinen Führerschein vorzeigen
faire venir un agent	einen Polizisten kommen lassen
appeler une ambulance	einen Krankenwagen kommen lassen
aller chercher un médecin	einen Arzt holen
être assuré tous risques	Vollkasko versichert sein

b) Sur la route

rouler à plus de 110	über 110 fahren
un chauffard/un fou du volant	ein Spinner am Steuer
rouler à tombeau ouvert	volles Risiko fahren
du brouillard	Nebel
du verglas	Glatteis
un virage dangereux	eine gefährliche Kurve
doubler en haut d'une côte	an einer Steigung überholen
conduire comme un pied *(fam.)*	sehr schlecht fahren
appuyer sur le champignon *(fam.)*	schneller fahren
conduire prudemment	vorsichtig fahren
se faire arrêter par un motard	von einem motorisierten Polizisten angehalten werden
se tromper de direction	sich in der Richtung irren
prendre une déviation	eine Umleitung nehmen
être coincé dans un bouchon	in einem Stau festhängen
souffler dans le ballon	ins Röhrchen pusten (Alkoholtest)

c) votre voiture

une voiture robuste	ein robuster Wagen
facile à garer	leicht zu parken
silencieuse	leise
pratique	praktisch
qui ne consomme pas beaucoup d'essence	benzinsparend

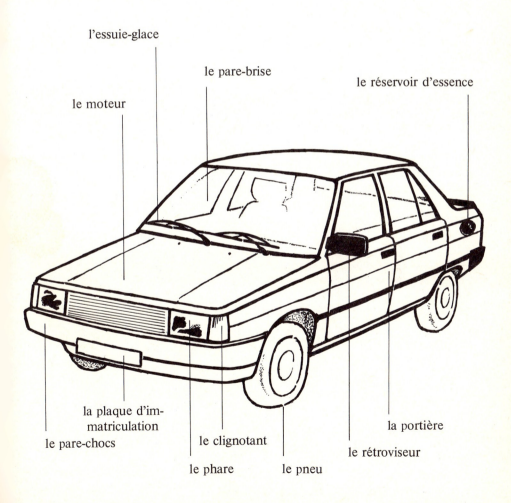

6 Toujours la même chose

 1. La télévision – une drogue?

2. Choisissez le programme de ce soir.

18.55 STADE 2

Réalisation de françoise Boulain
*Présentation
de Robert Chapatte*
Cyclisme: Blois-Chaville
Football: Un sujet sur l'équipe de Lens. Les buts étrangers
Rugby: Stade Toulousain-Lourdes
Basket: Reims-Le Mans
Ski nautique: Championnat de France nus pieds à Mâcon
Moto: Championnat de France de vitesse au Mans
Sports équestres: Championnat de France de sauts d'obstacles à Fontainebleau
Planche à voile: Les Championnats du monde open à Laredo

20.00 JOURNAL

19.55 IL ÉTAIT UNE FOIS L'ESPACE

Un saurien de rencontre...

Dessin animé d'Albert Barillé
LES SAURIENS
Quatrième partie

20.35
CINEMA
ALI BABA ET LES QUARANTE VOLEURS
de Jacques Becker
avec

Fernandel
Dieter Borsche

20.35
MAGAZINE SCIENTIFIQUE
2002, L'ODYSSÉE DU FUTUR
LES MÉDICAMENTS DU FUTUR

19.00
SERIE
DALLAS
CAUCHEMAR
avec
Patrick Duffy
Mary Crosby
Larry Hagman
Linda Gray

20.30
TIRAGE DU LOTO
En direct de Loudun
Présentation d'Annie Poirel

20.35
UNE ÉMISSION DE VARIÉTÉS DE MICHEL DRUCKER ET FRANÇOISE COQUET
CHAMPS-ÉLYSÉES

3. Ecoutez maintenant le dialogue.

Vous avez tout compris? Demandez à votre voisin(e)

a) quelle émission regardent Pierre et Jean
b) pourquoi Eliane, la femme de Pierre, n'est pas contente qu'ils regardent la télévision à cette heure-ci
c) si elle aime le sport
d) quelle émission elle aimerait voir
e) ce qu'elle demande à son fils
f) pourquoi elle téléphone à son amie Jacqueline
g) ce que fait le mari de Jacqueline
h) ce que les deux femmes veulent faire ce soir.
i) ......

4. Et maintenant, vous voulez peut-être savoir si un(e) autre participant(e) au cours

a) aime le football et assiste de temps en temps à un match
b) pratique un sport. Lequel?
c) ne regarde pas du tout la télévision. Pourquoi?
d) possède une vidéo. Qu'est-ce qu'il/elle en fait?
e) aime certaines émissions à la télévision. Lesquelles? Pourquoi?
f) regarde de temps en temps des films en langue étrangère
g) pense qu'on devrait protéger les enfants de la télévision. Pourquoi?
h) est d'avis que la télévision nuit à la lecture
i) ......

 5. Pour vous exercer un peu

On vous dit:	Vous répondez:
Elle est fantastique, cette Mireille Mathieu. Vous ne trouvez pas?	Oh non! Je la trouve casse-pieds! Elle ne chante pas, elle crie. Et encore, si ses chansons étaient intelligentes ...
«Parsifal» de Wagner: il n'y a rien de mieux pour s'endormir.	
Je trouve que les émissions à la télé sont vraiment instructives.	
Dites ce que vous voulez, mais les émissions pour enfants sont très bonnes. Les enfants s'amusent, et moi, je suis tranquille pendant ce temps.	
Mon Dieu! Qu'est-ce que c'est ennuyeux, ces débats politiques!	
Samedi après-midi: du sport, du sport ... Il n'y a rien d'autre. C'est affreux!	

Pour vous aider

Oui, vous avez raison. Vous avez tort. ⟩ Moi, je trouve ça ...				
amusant	impressionnant	absurde	imbécile
beau	instructif	affreux	monotone
captivant	intéressant	dangereux	mortel *(fam.)*
distrayant	remarquable	détestable	sans valeur
éducatif	surprenant	ennuyeux	stupide
J'apprécie beaucoup ... Je m'intéresse beaucoup à ... J'aime bien ...		J'en ai assez! Ne me parlez pas de ... C'est ... Je n'aime pas du tout ...	

6. Pour en savoir plus

Pourquoi regardent-ils la télé?

Il y a, en France, 30 postes de télévision pour 100 habitants; c'est-à-dire que pratiquement chaque famille peut voir les trois programmes de la télévision française. Et elle paie 471 F de taxe annuelle pour avoir ce plaisir.

Les motifs pour regarder telle ou telle émission sont évidemment très divers. Les uns espèrent trouver de la distraction, et la télévision fait donc partie de leurs loisirs. Les autres cherchent à s'informer sur un grand nombre de sujets. Ce sont deux types de téléspectateurs bien différents: si le premier groupe recherche l'évasion, le deuxième, tout au contraire, attend de la télévision un contact plus étroit, plus intense et varié avec la réalité.

Sans doute, la télévision remplit bien son rôle d'amuseur du public: il y a de nombreuses émissions de jeux, de variétés; il y a des feuilletons, des films policiers, des films d'amour ou d'aventure.

Peut-on dire que l'information fonctionne aussi bien? Loin de là. Un moyen d'information comme la télévision, qui atteint presque la totalité de la population sera toujours soumis à des tentatives de manipulation de la part des gouvernements, des groupes sociaux importants. En France surtout, où l'Etat a le monopole de la télévision, chaque gouvernement a essayé d'influencer l'information donnée au téléspectateur.

7. Qu'en dites-vous?

a) Est-ce que la télévision rend seulement passif?
b) Pas de télé pendant une semaine. Qu'allez-vous faire à la place?
c) Est-ce que la télévision est un instrument de propagande? Si oui, sous quelles formes?
d) Quelle est votre émission préférée? Pourquoi?
e) Est-ce que vous regardez la publicité à la télévision? A-t-elle une influence sur vous?
f) Etes-vous pour ou contre les émetteurs privés de télévision?
g) Bientôt, on aura le choix entre 10, 20, 30 chaînes de tv différentes. Est-ce un bien ou un mal?
h) Est-ce que vous aimeriez recevoir des émissions en direct venant d'autres pays (via satellite)?
i) Quelle est l'influence de la télévision sur le comportement des enfants? Est-ce qu'il y a des émissions particulièrement dangereuses?

8. Des mots pour le dire

a) les appareils

le poste de télévision	Fernsehgerät
la télévision en couleurs	Farbfernsehen
en noir et blanc	Schwarz-Weiß-Fernsehen
le magnétoscope (la vidéo)	Videogerät
le poste de radio	Radiogerät
la chaîne hi-fi	Hi-Fi-Gerät (Verstärker, Tuner ...)
le transistor	Kofferradio

b) les émetteurs et les émissions

TF 1 ⎫	
Antenne 2 ⎬	französische Fernsehprogramme
France 3 ⎭	
France Inter ⎫	
France Musique ⎬	französische Radioprogramme
France Culture ⎭	
les informations (f)	Nachrichtensendung
le magazine	(Fernseh-)Magazin
le film policier	Kriminalfilm
le film d'aventure	Abenteuerfilm

le film d'amour	Liebesdrama
le feuilleton (la série)	Film in Fortsetzungen, Serie
le dessin animé	Trickfilm
une émission de variétés	Unterhaltungssendung
de jeux télévisés	Spiel-, Quiz-Sendung
le débat	Diskussion
la télévision scolaire	Schulfernsehen
le film documentaire	Dokumentarfilm
une émission pour enfants	Kindersendung
la radio libre	Privatrundfunk

b) pour parler des émissions

influencer qn	jemanden beeinflussen
manipuler qn	jemanden manipulieren
la manipulation	Manipulation
le public	Publikum
atteindre un grand public	ein breites Publikum erreichen
le téléspectateur	Zuschauer
le niveau très haut	ein sehr hohes Niveau
très bas	ein sehr niedriges Niveau
la distraction	Zerstreuung
donner le mauvais exemple	ein schlechtes Beispiel geben
montrer des atrocités	Scheußlichkeiten zeigen
superflu, e	überflüssig
enregistrer	aufnehmen

7 Ce n'est pas comme chez nous

 1. Ils sont tous comme ça ...

a) Comment sont les Français d'après la caricature?
b) Et les Allemands?
c) Vous êtes d'accord?

 2. Faites ce test.

Quand vous pensez à la France, qu'est-ce qui vous vient à l'esprit? Notez au moins trois idées.

Regardez la page 46. Vous y trouverez les réponses de jeunes Allemands. Comparez les réponses. Qu'est-ce que vous constatez?

3. Ecoutez maintenant le dialogue.

Vous avez tout compris? Demandez à votre voisin(e)
a) où habite l'ingénieur allemand
b) ce que fait le neveu de M. Herriot en Allemagne (à Fribourg)
c) ce qu'il pense des Allemands
d) ce qui lui est arrivé sur l'autoroute
e) si Mme Leblanc est d'accord avec M. Herriot en ce qui concerne les Français
f) ……

4. Et maintenant vous voulez peut-être savoir si un(e) autre participant(e) au cours

a) a déjà rencontré des Français (en France, en Allemagne, ailleurs)
b) a déjà parlé avec eux (en français, en allemand)
c) trouve que les Français sont indisciplinés et bons vivants
d) trouve que les villes françaises sont très différentes
e) aimerait vivre en France
f) veut bien y passer quelques semaines mais pas plus. Pourquoi?
g) connaît des Français qui habitent dans sa ville, ou, sinon, aimerait en connaître
h) trouve que, pour avoir une idée plus juste de la France, il faudrait y vivre longtemps
i) qu'il y a d'autres moyens pour s'informer. Lesquels?

5. Pour vous exercer un peu

On vous dit:	Vous répondez:
La France, c'est fantastique. La bonne cuisine …	Il ne faut pas exagérer. La France, c'est un pays comme les autres. D'accord, en général on mange bien en France, mais ce n'est pas donné!
Les Français n'aiment pas les Allemands.	
Les Allemands sont militaristes.	

On vous dit:	Vous répondez:
La France, pays de l'amour!	
Les Allemands mangent toujours des pommes de terre.	
Les Allemands aiment travailler.	
En Allemagne, tout fonctionne, mais en France, on n'est pas bien organisé.	
La France: patriotisme mais pas de discipline!	
J'ai peur d'un renouveau du nazisme en Allemagne.	

Pour vous aider

Vous êtes sûr(e)? Vraiment? C'est selon. *(fam.)* Ça dépend. Il ne faut pas exagérer. Il ne faut pas généraliser.	Il faut distinguer/nuancer. D'accord ... mais (en général) ... Vous pensez? Je n'en suis pas sûr(e) Alors là, non!

6. Pour en savoir plus

a) A quoi pensent les jeunes Allemands quand ils parlent de la France:

Paris	52%	Les paysages	10%
La cuisine française	34%	L'amour, les jolies filles	9%
Le vin	29%	Les hommes d'Etat français	9%
La Tour Eiffel	26%	La langue	6%
La mer	19%	La démocratie	6%
		La mode	4%

b) Et c'est à cela que pensent les jeunes Français quand ils parlent de l'Allemagne (de la R.F.A.):

L'industrie, le pouvoir économique	24%
La nature	15%
La deuxième guerre mondiale	14%
Le sport	12%
L'ordre, la discipline	10%
Le partage des deux Allemagnes	9%
La politique actuelle	8%
La gastronomie	8%
Les Beaux-Arts, la littérature	7%
L'hospitalité, l'amabilité	7%

I.N.S.E.E. 1982

7. Qu'en dites-vous?

a) Depuis 1961, on a fait beaucoup pour l'amitié franco-allemande. Connaissez-vous quelques possibilités de rencontres franco-allemandes dans votre ville? Lesquelles?
b) L'Office franco-allemand pour la Jeunesse s'occupe surtout de rencontres entre les jeunes des deux pays. Faudrait-il créer un office pour les adultes? Et quelles seraient ses activités?
c) Que pensez-vous d'un club franco-allemand dans votre ville? Aimeriez-vous participer à sa création, à son animation? Quelle sorte de programme aimeriez-vous réaliser?
d) Un Français vous dit: «Je ne peux pas oublier les crimes des nazis.» Qu'est-ce que vous lui répondez?
e) La pratique des «Berufsverbote» a défavorablement influencé l'opinion publique de la France sur le compte de la R.F.A. Qu'en pensez-vous?
f) Certaines écoles françaises, dans lesquelles on enseigne l'allemand, ont un contact très étroit avec la R.D.A. Est-ce que cela vous surprend?
g) On a très souvent des idées arrêtées et stéréotypées sur un autre pays et ses habitants. Mais il y a aussi des idées préconçues sur les régions allemandes par exemple: les Frisons ont l'esprit lent; les Rhénans sont gais; les Berlinois sont ouverts, mais culottés; les Souabes sont économes; les Bavarois sont hospitaliers.
Qu'est-ce que vous en pensez?

8. Des mots pour le dire

a) ils sont:

bons vivants	Lebenskünstler
gais	lustig, fröhlich
hospitaliers	gastfreundlich

a) ils sont
gentils — nett
curieux — neugierig, merkwürdig
drôles — komisch, merkwürdig
incompréhensibles — unverständlich
ouverts — offen
sincères — aufrichtig
bien organisés — (gut) organisiert
paresseux — faul
économes — sparsam
avares — geizig
disciplinés/indisciplinés — diszipliniert/undiszipliniert
culottés — frech
tout à fait différents de — ganz anders als
exactement comme nous — genau wie wir
vifs — lebhaft

b) ils ont:

un caractère différent — einen anderen Charakter
l'esprit lent — eine lange Leitung
les mêmes opinions — die gleichen Anschauungen
beaucoup d'amitié pour — Zuneigung zu
beaucoup de contacts avec — viel Kontakt zu/mit

c) pour parler des opinions

avoir une opinion favorable — eine günstige Meinung haben
    défavorable — eine ungünstige Meinung
être surpris d'apprendre que — überrascht sein zu erfahren, daß
Cela m'étonne. — Das erstaunt mich.
Je n'aurais pas cru cela! — Das hätte ich nicht geglaubt.
faire des expériences — Erfahrungen machen
perdre ses illusions — seine Illusionen verlieren
apprendre à connaître — kennenlernen
le préjugé — Vorurteil
une idée préconçue — vorgefaßte Meinung
    stéréotypée — stereotype Meinung
    fixe — fixe Idee
    arrêtée — feststehende Meinung
Ça m'est arrivé aussi. — Das ist mir auch passiert.
Non, je n'ai jamais vu cela. — Nein, das habe ich nie gesehen.

d) rencontres

l'amitié franco-allemande	deutsch-französische Freundschaft
mutuel, -le	gegenseitig
un échange	Austausch
le renouveau	Neubeginn, Wiederaufleben
le ciné-club	Filmklub
le café-théâtre	Theater im Café
la soirée de chansons	Chanson-Abend
la chorale (franco-allemande)	Chor
le présentation de qn	Vorstellung von jemand
Je vous présente ...	Ich stelle Ihnen ... vor
Très heureux!	Sehr erfreut!

8 Demande aux femmes

1. Comment la publicité voit les femmes

Qu'est-ce que vous pensez de ces deux photos?

2. Pour une femme, c'est toujours plus difficile

Françoise a un poste important dans un ministère; elle prépare des contrats et des projets de loi. Mais il arrive très souvent que, pendant une discussion, le ministre se tourne vers elle et lui dise: «Puisque vous êtes là, chère amie, vous pourriez peut-être nous apporter une tasse de café.»
Elles travaillent comme ouvrières, fonctionnaires, secrétaires, coiffeuses, professeurs; elles travaillent à plein temps, à mi-temps. Mais très souvent, elles gagnent moins que les hommes qui font le même travail. Et une femme à la tête d'une entreprise, d'une administration, c'est chose rare. On leur donne plutôt les tâches qui énervent et qui n'intéressent pas les hommes. Ou est-ce que vous avez déjà vu «un» sténo-dactylo?
Bien sûr, les hommes ont des excuses. On dit que les femmes sont plus souvent absentes du travail, qu'elles sont dépendantes de leurs enfants, qu'elles sont

moins motivées que les hommes, qu'elles ont une formation insuffisante. Est-ce vrai?
Extrait du Nouvel Observateur du 3.11.1980

Pourquoi – d'après le texte – les femmes ont-elles moins de chances que les hommes?

3. Ecoutez maintenant le dialogue.

Vous avez tout compris? Demandez à votre voisin(e)

a) si Jeannette et Gérard sont mariés
b) ce que Gérard a demandé à son amie
c) ce que Madame Potin pense des célibataires
d) pourquoi Jeannette hésite à épouser Gérard
e) pourquoi elle veut continuer à travailler
f) s'il est facile de trouver un travail à mi-temps
g) si Jeannette va payer la chaîne stéréo.
h) ......

4. Et maintenant, vous voulez peut-être savoir si un(e) autre participant(e) au cours

a) trouve normal qu'un garçon et une jeune fille vivent ensemble sans être mariés
b) pense que les hommes doivent aider les femmes dans le ménage
c) pense que les femmes mariées doivent travailler pour avoir de l'argent à elles
d) est d'avis que les femmes doivent s'occuper des finances du couple.
e) ......

5. Pour vous exercer un peu

On vous dit:	Vous réagissez:
Beaucoup de femmes travaillent. Je trouve ça tout à fait normal.	Vous pensez? A mon avis, les femmes ont assez de travail à la maison.
Les hommes aussi peuvent faire le ménage.	

On vous dit:	Vous répondez:
Les jeunes n'ont pas le sens des réalités.	
Il y a trop de femmes malheureuses dans leur profession.	

Pour vous aider

a) **Vous n'êtes pas sûr(e):** Vous pensez? Je n'en suis pas certain(e).	Vous avez peut-être raison, mais … Je ne sais pas si …
b) **Vous voulez dire autre chose:** A mon avis, … Vous savez, …	Je ne suis pas tout à fait d'accord. Non, je ne trouve pas.
c) **Vous voulez dire la même chose:** Ah oui! D'ailleurs … D'accord. Justement!	Vous avez raison. Et comment! Sans aucun doute!

6. Pour en savoir plus

Le travail des femmes

On a compté, en 1979, 7 912 000 femmes actives en France.
1 375 000 étaient employées de bureau et de commerce,
785 000 étaient manœuvres ou ouvrières spécialisées (O.S.),
425 000 travaillaient dans le secteur primaire, c'est-à-dire l'agriculture,
348 000 étaient artisanes ou petites commerçantes,
280 000 étaient institutrices,
180 000 étaient employées de maison ou femmes de ménage,
170 000 étaient cadres,
122 000 étaient employées des services sociaux et médicaux.

Le salaire moyen des femmes était de 2500 F par mois. Il était de 3800 F pour les hommes.

Et depuis le 8 juillet 1981, Yvette Chassagne est la première femme préfet d'un département français (dans le Loir-et-Cher).

7. Qu'en dites-vous?

a) Une femme peut-elle avoir des enfants et travailler à plein temps?
b) Est-ce bien qu'une femme s'engage dans la politique?
c) Que pensez-vous des mouvements féministes?
d) Est-ce qu'il y a une profession qu'une femme ne peut pas exercer? Si oui, laquelle et pourquoi?
e) Est-ce que la condition de la femme s'est améliorée depuis 1900? Qu'est-ce qui a changé?
f) Est-ce que les femmes subissent encore une discrimination dans leur profession? Si oui, sous quelles formes?

8. Francesca Solleville: Demande aux femmes

Elles sont nées pour faire rêver
Dans les magazines et dans les vitrines
Les femmes ont tant de frivolité

Demande à Gisèle et à Isabelle.

Elles sont nées pour balayer
Faire la vaisselle vider la poubelle
Les femmes ont tant d'habileté

Demande à Hélène et puis à Ghislaine...

Elles sont nées pour enfanter
Et savent dès l'enfance que c'est dans la souffrance
Les femmes ont tant de générosité

Demande à Christine et à Micheline...

Elles sont faites pour travailler
Et faire chacune deux journées dans une
Les femmes ont tant d'agilité

Demande à Colette et à Antoinette...

Elles sont faites pour lutter
Quand c'est leur colère qui remue la terre
Les femmes aussi savent lutter

Demande à Rosa[1] et à Angela[2]...

Aujourd'hui les femmes. © Productions Musicales Alleluia, Paris.

[1] *Rosa:* Rosa Luxemburg [2] *Angela:* Angela Davis

9. Des mots pour le dire

a) Quelques professions «féminines»:

une ouvrière spécialisée	Facharbeiterin
une institutrice	Lehrerin (Grund-, Hauptschule)
une secrétaire	Sekretärin
une sténodactylo	Stenotypistin
une infirmière	Krankenschwester
une assistante sociale	Sozialarbeiterin
une coiffeuse	Frisöse
une femme de ménage	Putzfrau
une manœuvre	Hilfsarbeiterin
une artisane	Handwerkerin
une vendeuse	Verkäuferin
un cadre	leitende Angestellte
une fonctionnaire	Beamtin
un professeur	Lehrer, Professor
un préfet	Präfekt

b) Pour parler du travail:

un poste	Stelle
un emploi	
à mi-temps	Halbzeit-
à plein temps	Vollzeit-
exercer une profession	einen Beruf ausüben
une entreprise	Unternehmen
une administration	Verwaltung
un contrat	Vertrag
une tâche	Aufgabe
être absent, e	fehlen
être dépendant, e de	abhängig sein von
être motivé, e	motiviert sein
un salaire	Gehalt
une formation	Berufsausbildung
être actif, active	berufstätig sein

c) Pour parler de la famille:

un/une célibataire	Junggeselle/in
un mari	Ehemann

une épouse	Ehefrau
être marié, e	verheiratet sein
vivre ensemble	zusammen leben
faire le ménage	den Haushalt machen
une femme au foyer	Hausfrau

d) Pour parler de la politique féministe:

un mouvement féministe	Frauenbewegung
s'engager	sich (politisch) engagieren
la condition	Lage
s'améliorer	sich bessern
le droit de vote	Stimmrecht, Wahlrecht
être battue, e	geschlagen werden
faire les travaux les plus durs	die härteste Arbeit tun

9 On en reparlera demain

1. La jeunesse a beaucoup de visages

2. Ils ne s'intéressent à rien

«Ecole – ras le bol»: cette inscription est marquée en grandes lettres sur le mur d'un lycée parisien. Et ce n'est pas seulement de l'école que les jeunes se plaignent: «Télé? Ça m'emmerde!», «La pub, j'en ai marre!», «Service militaire – j'en ai ma claque!», «Mitterrand, tu me rases!», etc. Ils ont leur langage à eux, et il paraît que, tout le temps, ils sont ennuyés ou excédés. Rien ne peut les intéresser, les enthousiasmer.

D'autre part, ils ne se révoltent pas. Sans être contents, ils semblent accepter la vie telle qu'elle est. Ils ne se font pas d'illusions. On ne change pas le monde. Il faut se faire une raison.

Le problème numéro un: le chômage des jeunes. Très souvent, ils remarquent que les diplômes obtenus avec beaucoup de peine à l'école ou à l'université, ne servent à rien. Il n'y a pas de débouchés. Le baccalauréat, ne donne pas forcément accès à une carrière sûre. Tout au contraire: il faut patienter, prendre ce qui se présente. Très souvent, c'est un «boulot» pour gagner sa vie, qui ne correspond pas aux ambitions du jeune ou à celles de ses parents. Se retrouver employée aux écritures après avoir passé le bac, c'est décevant.

a) Que pensez-vous du langage des jeunes? Est-ce que les jeunes Allemands ont aussi leur langage à eux?
b) En Allemagne, il y a aussi un très grand chômage des jeunes. Peut-on envisager une solution? Laquelle?
c) Etes-vous également d'avis que les diplômes obtenus à l'école ou à l'université ne servent à rien?

3. Ecoutez maintenant le dialogue.

Vous avez tout compris? Demandez à votre voisin(e)

a) à quelle heure rentre Chantal
b) si sa mère est très fâchée
c) pourquoi elle veut parler avec sa fille
d) ce qu'elle reproche à sa fille
e) quel travail elle a trouvé pour elle
f) ce que Chantal aimerait faire plus tard
g) quelle est l'opinion de sa mère
h) ......

4. Et maintenant, vous voulez peut-être savoir si un(e) autre participant(e) au cours

a) pense que les jeunes sont souvent sans égards pour leurs parents
b) connaît des jeunes qui sont au chômage. Comment réagissent-ils à leur situation?
c) pense qu'il vaut mieux accepter un emploi quelconque que de rester au chômage
d) trouve que les jeunes aiment trop s'amuser et ne sont pas assez sérieux
e) est d'avis que beaucoup de jeunes se font des illusions sur leur avenir et qu'ils ont trop d'exigences
f) trouve qu'on parle trop des problèmes de la jeunesse
g) ......

5. Pour vous exercer un peu

Vous êtes en présence de quelqu'un qui dit du mal de la jeunesse. Vous essayez de le calmer et de modérer ses opinions:

Il vous dit:	Vous répondez:
La jeunesse d'aujourd'hui est pourrie! Elle ne pense qu'à s'amuser.	Je vous assure, ce n'est pas vrai. Tenez, j'ai un neveu qui ne fait que travailler.
Cette musique des jeunes! Ça me casse les oreilles!	
Vous avez vu la jeune fille en mini-jupe? Comme c'est indécent!	
Si j'étais le père de ce garçon, je lui donnerais des gifles!	
Regardez cette bande de jeunes. Ils sont assis sur la pelouse du jardin public! Vous trouvez ça normal?	
Ils ne veulent pas travailler, c'est tout!	
Vous n'avez qu'à regarder leurs cheveux! Qu'est-ce qu'ils sont sales!	

Pour vous aider:

Je vous en prie! Je vous assure, Ecoutez-moi, Soyons raisonnable.	Vous exagérez. Ce n'est pas vrai. Vous avez tort. C'est tout le contraire. Il ne faut pas s'imaginer que ...

6. Pour en savoir plus

Les jeunes et leur famille

La famille est morte. Il y a quelques années, cette constatation semblait justifiée. Le conflit des générations, les disputes entre parents et enfants étaient à l'ordre du jour. Tout donnait sujet à des discussions interminables: le mode de vie des jeunes, leur musique, leur façon de s'habiller ...
Tout porte à croire que la situation a bien changé depuis. Un sondage, effectué en 1982, a pour résultat que 88% des Français ont confiance dans la famille. Et ce qui est encore plus étonnant: c'est surtout la jeunesse qui respecte la famille. Ceux qui ne l'aiment pas, sont des adultes de 50 à 64 ans.
Il est certain que le retour aux valeurs traditionnelles a plusieurs raisons. D'une part, les adultes de 1982 ont largement accepté que la jeunesse ait des idées à elle. Très souvent, ils tolèrent les exigences de leurs enfants, en particulier celle d'une plus grande liberté. D'autre part, la famille peut venir en aide aux enfants qui sont à la recherche de leur premier emploi. Ça peut durer... En effet, la famille de nos jours se voit forcée de prendre en charge des enfants de plus en plus âgés. Un garçon de 23 ans: «Dans ma famille, je suis logé, nourri. Qu'est-ce que je veux de plus!»

Texte adapté d'après Le Nouvel Observateur du 30.10.1982

7. Qu'en dites-vous?

a) Est-ce qu'il faut donner beaucoup de liberté aux jeunes ou faut-il les surveiller un peu plus?
b) «Nous avons fait les mêmes bêtises.» La jeunesse est-elle toujours pareille?
c) Les adultes sont-ils incapables de comprendre la jeunesse? Sont-ils envieux?
d) Est-ce que les adultes et les personnes âgées peuvent aider la jeunesse en lui transmettant leur expérience?
e) Quelles sont les causes les plus fréquentes de conflits entre jeunes et adultes?
f) Quels sont vos meilleurs souvenirs de jeunesse? Et vos souvenirs les plus désagréables?

8. Des mots pour le dire

a) Pour parler des jeunes

enthousiasmé de qc.	begeistert von
travailleur, travailleuse	arbeitsam (Adjektiv)
respecter qc.	etwas respektieren

accepter qc.	etwas akzeptieren, hinnehmen
se faire une raison	sich in das Unabänderliche fügen
être raisonnable	vernünftig sein
se faire des illusions	sich Illusionen hingeben
se révolter (contre)	sich auflehnen (gegen)
la drogue	Droge(n)
se droguer, être drogué	Drogen nehmen
fanatique	fanatisch
sans égards pour	rücksichtslos
ennuyé	gelangweilt, ärgerlich
excédé	wütend, außer sich
indécent	unanständig

b) Pour parler de leur situation

les études	Studien, Ausbildung
la formation professionnelle	Berufsausbildung
un apprenti	Lehrling
un étudiant	Student
le diplôme	Abschlußdiplom
le baccalauréat (le bac)	Abitur, Matura
le débouché	Berufsmöglichkeit
le boulot *(fam.)*	Job, Arbeit
le carrière	Karriere
gagner sa vie	seinen Lebensunterhalt verdienen
décevant	enttäuschend
envisager une solution	eine Lösung im Auge haben
réagir à une situation	auf eine Situation reagieren
prendre en charge qn.	sorgen für jemanden
le souci	Sorge, Kummer
se soucier de	sich Sorgen machen über
le conflit des générations	Generationenkonflikt
reprocher qc. à qn.	jemandem etwas vorwerfen

c) Autres mots utiles

s'attendre à qc.	auf etwas gefaßt sein
donner sujet à	Gelegenheit geben zu
tout porte à croire que ...	vermutlich
justifié	gerechtfertigt
avoir pour résultat que ...	zum Ergebnis haben, daß ...
tolérer	dulden

d) Le langage des jeunes d'aujourd'hui

il est croulant ⎫
il passera pas l'hiver ⎬ er ist alt
il est plus côté à l'argus ⎭
c'est génial das ist (ganz) gut
c'est galère das ist anstrengend
c'est débile ⎫
c'est gol ⎭ verrückt! (durchaus positiv gemeint)
ça craint abstoßend, schwierig, gefährlich
on se vire ⎫
on se brise ⎭ wir gehen
la gratte die Gitarre

Wörtliche Übersetzung:
il est croulant er bricht bald zusammen
il passera pas l'hiver er wird den Winter nicht überleben
il est plus côté à l'argus er steht nicht mehr auf der Preisliste für Altwagen

c'est gol (von «mongoloid»)
la gratte «Kratzkasten»

10 Parce que je suis Arabe

 1. Est-ce qu'il y en a trop?

Est-ce que vous savez
a) combien d'étrangers il y a dans votre ville?
b) à quelle nationalité ils appartiennent?
c) quelles professions ils exercent?
d) si on en trouve beaucoup dans certains quartiers? Pourquoi?

2. Racisme et violence

Dans une petite ville de Normandie, un soir de mars 1976, des Algériens se voient refuser l'entrée d'un café; c'est, paraît-il, un ordre de la police locale, s'appliquant dès 20 heures à tous les immigrés et à tous les débits de boissons. Alors que les quatre hommes stationnent devant l'établissement, deux consommateurs français en sortent, vont chercher un fusil; de retour, l'un d'eux tire: deux des Algériens sont blessés; l'un restera paralysé à vie.

Albert Lévy, Le Monde Diplomatique, Septembre 1977

a) Lisez le texte.
b) Vous avez tout compris? Demandez l'explication des mots inconnus à votre voisin ou à l'animateur.
c) Pourquoi le patron du café a-t-il refusé l'entrée aux Algériens?

3. Ecoutez maintenant le dialogue.

Vous avez tout compris? Demandez à votre voisin(e)

a) qui est Mohammed
b) pourquoi il sonne chez Mme Tremblade à sept heures du matin
c) pourquoi Mme Tremblade assure que le studio est déjà pris
d) pourquoi elle ne veut pas louer la chambre à un Arabe
e) ce que pense M. Martin des Arabes
f) pourquoi Mme Tremblade est fâchée
g) pourquoi elle ferme la porte violemment
h) ......

4. Et maintenant, vous voulez peut-être savoir si un(e) autre participant(e) au cours

a) est déjà allé(e) dans les quartiers où habitent beaucoup d'étrangers. Quelles ont été ses impressions?
b) a déjà fait la connaissance de Turcs ou bien d'autres étrangers (Espagnols, Italiens, Grecs, Yougoslaves). Dans quelles circonstances?
c) connaît le mode de vie des étrangers qui habitent en Allemagne. Si oui, qu'est-ce qu'il trouve surprenant?
d) a déjà été témoin d'actes de racisme. Dans quelles circonstances? Comment est-ce qu'il (elle) a réagi?
e) connaît des restaurants dans sa ville qui n'admettent pas les travailleurs immigrés
f) trouve que les travailleurs immigrés sont exploités. Aussi par leurs compatriotes?
g) est d'accord qu'en période de chômage, on renvoie les travailleurs immigrés chez eux. Quels sont ses arguments?
h) ......

5. Pour vous exercer un peu

On vous dit:	Vous répondez:
Les étrangers, ça se croit tout permis.	Je ne suis pas de votre avis. Ils ont quand même le droit de vivre, non?
Les étrangers sont sales.	
Ils sont partout! On n'est plus chez soi, c'est vrai!	
Il y a beaucoup de criminels parmi les étrangers.	
S'ils ne veulent pas vivre comme nous, ils n'ont qu'à retourner chez eux!	
L'argent qu'ils gagnent ici, ils le dépensent chez eux. Ils se construisent des maisons.	
Ils nous prennent notre travail.	
Je vois que vous défendez les étrangers. Vous n'êtes pas étranger vous-même?	

Pour vous aider

Ah non! Pas du tout. Ce n'est pas vrai. Je ne suis pas de votre avis. C'est faux. Vous vous trompez. Et alors?	En réalité, ... Tout au contraire ... Je trouve que ...

6. Pour en savoir plus

Dans toutes les grandes villes, que ce soit en France ou en Allemagne, il y a des quartiers entiers, parfois de véritables ghettos, où habitent les travailleurs immigrés.
La Goutte d'Or est le quartier arabe de Paris, dans le dix-huitième arrondissement, au pied du Sacré-Coeur. Dans cet arrondissement, il y a seulement 35.000 habitants, dont 7.000 Arabes qui ont leurs propres restaurants, boutiques, cafés, salons de coiffure etc. Les travailleurs immigrés ont même fait un journal «Sans Frontière», tiré à 30.000 exemplaires, dans lequel ils racontent leurs difficultés et leurs problèmes (rafles, contrôles de police fréquents, mauvaises conditions de logement, etc.). Le gouvernement socialiste essaie actuellement d'améliorer les conditions de vie des travailleurs étrangers, en interdisant par exemple les expulsions.
En 1981, il y avait 4.147.978 étrangers en France, dont:

Portugais 857 324	Africains francophones 106 012
Algériens 808 176	Turcs 103 946
Italiens 469 189	Yougoslaves 68 239
Espagnols 424 692	Sud-Est asiatique 67 543
Marocains 421 265	Réfugiés et apatrides 53 405
Tunisiens 181 618	Autres nationalités 417 637
Europe des Dix, sauf Italie 168 932	

I.N.S.E.E. 1981

7. Qu'en dites-vous?

a) A quels problèmes sont confrontés les travailleurs étrangers à leur arrivée en Allemagne?
b) Est-ce que vous enverriez vos enfants dans une école où il y a beaucoup d'enfants étrangers?
c) En période de crise économique, on observe souvent une montée du racisme. Pourquoi, à votre avis?
d) Au 19e siècle, beaucoup de travailleurs polonais sont venus dans la Ruhr. L'Allemagne les a intégrés (ils sont devenus Allemands). Est-ce qu'il faudrait, à votre avis, intégrer les Turcs (par exemple) de la même façon? Ou doivent-ils garder leur identité nationale et culturelle?
e) Devrait-on donner le droit de vote aux étrangers qui vivent en Allemagne depuis longtemps?

f) On parle beaucoup des inconvénients qui résultent de la vie en commun avec les étrangers. Est-ce qu'il y a aussi des avantages? Lesquels?
g) Commentez cette caricature.

Le Monde Diplomatique, Septembre 1977

8. Des mots pour le dire

a) quelques nationalités

un,e Arabe (l'Arabie)
un Algérien, une Algérienne (l'Algérie)
un,e Portugais,e (le Portugal)
un,e Espagnol,e (l'Espagne)
un Italien, une Italienne (l'Italie)
un Turc, une Turque (la Turquie)
un Grec, une Grecque (la Grèce)
un,e Américain,e (l'Amérique/du Nord/du Sud)
un,e Japonais,e (le Japon)
un,e Chinois,e (la Chine)
un,e Yougoslave (la Jougoslavie)
appartenir à une nationalité   einer Nationalität angehören
être originaire de   aus ... stammen

b) des sentiments

haïr, la haine	hassen, Haß
mépriser, le mépris	verachten, Verachtung
avoir peur de	Angst haben vor
avoir des préjugés	Vorurteile haben
le nationalisme	Nationalismus
le racisme, le raciste	Rassismus, Rassiste
un acte de racisme	Gewalttat gegen Andersrassige, Ausländer
se sentir menacé par	sich bedroht fühlen von
être surpris de voir que	überrascht sein zu sehen, daß
trouver surprenant	überraschend finden
admirer, l'admiration (f)	bewundern, Bewunderung
estimer	schätzen, einschätzen
apprécier, l'appréciation (f)	schätzen, gut finden, Wertschätzung

c) la situation économique et sociale

l'immigration (f)	Einwanderung
un travailleur immigré	Gastarbeiter
intégrer, l'intégration (f)	integrieren, Integration
séparer, la séparation	trennen, Trennung
expulser, l'expulsion (f)	ausweisen, Ausweisung
renvoyer	zurückschicken
le ghetto	Ghetto
être confronté à qc.	mit etwas konfrontiert sein
travailler dur	hart arbeiten
faire des économies	sparen
l'identité (f) culturelle	kulturelle Identität
les usages (m)	Gebräuche
se sentir exclus de	sich ausgeschlossen fühlen von
accepté par	sich akzeptiert fühlen von

11 Il faut qu'à Paris, ils comprennent

1. Vous avez envie d'apprendre un peu de breton?

Aotrou: *monsieur*	Petra eo?: *Qu'est-ce que c'est?*
Itron: *madame*	Peseurt amzer a ra hirio?: *Quel*
ti: *maison*	*temps fait-il aujourd'hui?*
trugarez: *merci*	Amzer 'fall a ra hirio.: *Il fait*
demad: *bonjour*	*mauvais aujourd'hui.*
kenavo: *au revoir*	Ne gomzan ket gallek.: *Je ne parle*
Breiz: *Bretagne*	*pas français.*
mor: *mer*	Me zo an estrenn: *Je suis étranger.*
douar: *terre*	

Environ un million de personnes comprennent le breton; environ 500.000 le parlent tous les jours.

2. La Bretagne, ce n'est pas seulement pour les touristes.

La Bretagne: 1.500 kilomètres de côtes, la voile, la pêche en mer et en eau douce, les crêpes, les fruits de mer, les menhirs, les pardons ... voilà le côté touristique de la Bretagne.

La Bretagne qui est loin des centres industriels et commerciaux de la France, est une région sous-industrialisée, sans pour autant être un désert industriel. Le taux de chômage est plus élevé en Bretagne que dans le reste de la France, et le niveau de vie est généralement plus bas – les salaires sont en moyenne de 10 à 20 % plus bas que ceux payés dans la région parisienne.
La pêche qui reste une activité typique de la région – elle représente 43 % de la pêche française – a subi beaucoup de transformations. Si autrefois le pêcheur sortait en mer sur son propre chalutier, la pollution de la mer le force aujourd'hui d'aller de plus en plus loin pour trouver le poisson. Ceci a pour conséquence que les bateaux sont de plus en plus grands et demandent des installations perfectionnées. A la suite de ce développement, c'est souvent les sociétés anonymes qui possèdent les bateaux. Il existe toutefois des associations de marins-pêcheurs bretons.
Les problèmes économiques de la Bretagne ont entraîné une critique grandissante des habitants. Certains désirent l'autonomie de la Bretagne. D'autres mouvements autonomistes s'intéressent surtout à la culture et à la langue bretonnes.

a) Vous avez tout compris? Demandez des explications à votre voisin ou à l'animateur.
b) Quelles sont les informations qui vous intéressent le plus? Voulez-vous en savoir davantage? Demandez à l'animateur.

3. Ecoutez maintenant le dialogue.

Vous avez tout compris? Demandez à votre voisin(e)
a) pourquoi René va au café à neuf heures du matin
b) ce qu'il boit
c) où il a travaillé
d) pourquoi Jacques n'est plus pêcheur
e) pourquoi il pense qu'il faudrait de nouvelles industries en Bretagne
f) si le patron du café est d'accord. Pourquoi?
g) ......

4. Et maintenant, vous voulez peut-être savoir si un(e) autre participant(e) au cours
a) est déjà allé(e) en Bretagne. Est-ce qu'il (elle) a aimé la région?
b) aimerait faire un voyage en bateau sur les canaux de la Bretagne
c) connaît d'autres régions françaises qui ont des problèmes économiques
d) s'est déjà, pour préparer ses vacances, informé sur les problèmes d'un pays ou d'une région qu'il (elle) voulait visiter
e) pense que l'Etat doit donner de l'argent pour permettre la création de nouveaux emplois
f) pense qu'une région touristique ne doit pas être trop industrialisée
g) ......

5. Pour vous exercer un peu

On vous dit:	Vous êtes du même avis:
Le tourisme fait monter les prix.	J'allais dire exactement la même chose. Tenez, l'année dernière, j'ai payé un repas au restaurant 60 F; aujourd'hui, c'est le double.
Le tourisme est dangereux pour la nature.	
Il faut créer de nouveaux emplois.	
La pollution est devenue insupportable.	

On vous dit:	Vous êtes du même avis
Une région ne peut pas seulement vivre du tourisme.	
C'est bien beau, l'aide de l'Etat. Mais c'est souvent les riches qui en profitent.	
On ne fait pas assez pour la protection de la nature.	

Pour vous aider

> Vous avez raison.
> C'est vrai.
> Je suis d'accord avec vous.
> Sans doute.
> Absolument.
> C'est évident.
> C'est l'évidence même.
> J'allais dire exactement la même chose.

6. Pour en savoir plus

La Bretagne se sent menacée

Les grands bateaux qui transportent le pétrole vers les ports de la Hollande, de l'Angleterre et de l'Allemagne, passent près des côtes bretonnes. Le 17 mars 1978, c'est la catastrophe: l'Amoco-Cadiz, un navire de la compagnie Shell, fait naufrage au large de Portsall; quatre-vingt mille tonnes de pétrole se dispersent dans la mer, tuent des milliers de poissons, d'oiseaux de mer, polluent les plages et ruinent les pêcheurs. Ils ont planté une pancarte dans les dunes: «Breigned eo ar mor.» (La mer est foutue.)
Ce n'était ni la première ni la dernière fois qu'un pétrolier échouait aux environs de la Bretagne. «Nous avons mis en garde les autorités politiques, dit un marin-pêcheur. Mais on n'a rien fait pour empêcher ces accidents.»
Ce n'est pas le seul problème écologique qui fasse peur aux habitants. Aux Monts-d'Arrée, on a installé une centrale nucléaire, à Plogoff, on en avait prévu

une deuxième. «On n'a pas seulement peur des radiations, dit un Breton. C'est le climat qui va changer. Savez-vous qu'une centrale nucléaire chauffe la mer de plusieurs degrés?»

La Bretagne proteste. Il est vrai que, depuis 1978, on ne fait plus exploser de bombes; mais les mouvements autonomistes sont toujours très forts et continuent la lutte pour une Bretagne indépendante. «Nous voulons décider nous-mêmes de notre sort économique et culturel. Heureusement, le nouveau gouvernement à Paris a compris qu'il fallait donner une plus grande autonomie aux régions.»

A Plogoff, il n'y aura pas de centrale nucléaire.

Texte adapté d'après le Nouvel Observateur du 25. 3. 1978

7. Qu'en dites-vous?

a) Etes-vous pour ou contre l'énergie nucléaire? Connaissez-vous des alternatives?
b) Industrie = pollution. C'est vrai? Donnez des exemples.
c) Les pays industrialisés consomment beaucoup de pétrole. Faudrait-il limiter l'utilisation de la voiture?
d) Comment peut-on économiser de l'énergie?
e) Avez-vous peur de manger du poisson ou des fruits de mer?
f) Quels sont les méfaits du tourisme?
g) Trouvez-vous que le centralisme en France est une bonne ou une mauvaise chose? Et le fédéralisme en Allemagne?
h) Etes-vous d'accord avec les autonomistes bretons? Aussi avec la violence? Est-ce qu'il y a d'autres solutions?
i) Imaginez qu'on construise une centrale nucléaire près de chez vous. Comment réagiriez-vous?

8. Des mots pour le dire

a) Pour parler des problèmes économiques:

un pays industrialisé	Industrieland
sous-industrialisé	~ ohne zureichende Industrie
une activité économique	wirtschaftliche Tätigkeit
un emploi	Arbeit, Stelle
embaucher	einstellen
licencier	entlassen
le niveau de vie	Lebensstandard
le taux de chômage	Höhe der Arbeitslosigkeit
le pourcentage	Prozentsatz

la société anonyme	Aktiengesellschaft
le manque de	das Fehlen von
entraîner	hier: mit sich bringen, zur Folge haben
rapporter	einbringen
la solution	Lösung
résoudre un problème	ein Problem lösen
ruiner qn.	jemanden ruinieren

b) pour parler des problèmes écologiques:

l'écologie (f)	Ökologie, Lehre von der Umwelt
les écologistes («écolos»)	Umweltschützer
la pollution	Umweltverschmutzung
polluer	verschmutzen
la radiation	Strahlung
l'énergie nucléaire (f)	Atomenergie
la centrale nucléaire	Atomkraftwerk
le danger	Gefahr
les méfaits	Folgen, Schäden

c) pour parler politique:

le mouvement	Bewegung
le mouvement autonomiste	Unabhängigkeitsbewegung
la lutte pour/contre	Kampf für/gegen
lutter	kämpfen
le centralisme français	franz. Zentralismus
le fédéralisme allemand	deutscher Föderalismus
la critique	Kritik
critiquer	kritisieren
la violence	Gewalt
violent, e	gewalttätig

d) autres mots utiles:

la bateau de plaisance	(Freizeit)Boot
faire naufrage	untergehen
échouer	untergehen
mettre en garde	warnen
le chalutier	Fischerboot
le pétrolier	Tanker
le chantier naval	Werft

12 Fruits défendus

 1. La vie coûte de plus en plus cher.

📖 2. C'est du vol, ça!

Grande inscription au-dessus du rayon alimentation d'un supermarché parisien: «La fraîcheur est notre métier!» A l'étalage, des pommes, des poires, des pêches, toutes empaquetées, toutes sous cellophane. Des carottes, des haricots verts, des artichauts, dans des sachets en plastique. C'est très pratique, ce système de vente. Le client, qui veut acheter deux, trois pommes, est obligé d'en prendre six; si dans une recette de pot-au-feu il y a une livre de carottes, on doit en acheter un kilo – tout cela, bien sûr, c'est à cause de l'hygiène: sous cellophane, c'est tellement plus propre!

Et, empaquetés, les fruits et les légumes sont de toute beauté. Les pommes sont d'un vert impeccable, toutes de la même grosseur; on s'étonne qu'elles aient pu pousser sur un arbre; elles ont plutôt l'air d'un produit de série d'une usine ultra-moderne. Avec les produits chimiques qu'on utilise à la production et qu'on emploie pour la conservation, le temps et les insectes ne peuvent pas abîmer le fruit. C'est ça, la fraîcheur: on ne vous vend pas un fruit, on vous donne une «momie.»

A la maison, grande surprise. Vous déballez votre paquet: parmi les six poires que vous avez achetées, il y en a deux de pourries. Des carottes, vous en jetez la moitié. Au moment de l'achat, ça ne se voyait pas …

Soupir d'une ménagére: «Ils se croient tout permis! Comment voulez - vous que j'arrive à joindre les deux bouts!»

  a) Qui est-ce qui a écrit cet article? Un producteur agricole, un commerçant, un consommateur?
  b) Pourquoi est-ce qu'on met les fruits et les légumes sous cellophane?
  c) Quelles en sont les conséquences?

3. Ecoutez maintenant le dialogue.

Vous avez tout compris? Demandez à votre voisin(e)

  a) pourquoi la route est barrée
  b) ce que les agriculteurs ont déversé
  c) pourquoi ils l'ont fait
  d) quelle est la première réaction des Dorard
  e) ce que M. Dorard reproche au producteurs
  f) ce que répond l'agriculteur
  g) ce qu'il donne aux Dorard
  h) ......

4. Et maintenant, vous voulez peut-être savoir si un(e) autre participant(e) au cours

  a) achète toujours avec une certaine prudence. Qu'est-ce qu'il (elle) fait pour se protéger contre les mauvaises surprises?
  b) est un consommateur/une consommatrice «averti(e)»
  c) s'est déjà trouvé(e) dans une manifestation. Dans quelles circonstances? Comment est-ce qu'il (elle) a réagi?
  d) trouve que les grèves «violentes» sont justifiées
  e) trouve que ces manifestations sont scandaleuses
  f) ......

5. Pour vous exercer un peu

On vous dit:	Vous réagissez:
Il faut augmenter les prix qu'on paie aux agriculteurs.	Il est vrai que les prix payés aux producteurs sont souvent assez bas. Mais ça n'empêche pas que les prix en magasin sont assez élevés.

On vous dit:	Vous répondez:
Il faut employer des produits chimiques pour conserver les fruits et les légumes.	
Il faut se faire remarquer par le gouvernement. Il faut donc faire des barrages sur les routes.	
C'est de la bonne qualité qu'on vend!	
Il faut arrêter les importations.	
Dans la production agricole, on devrait interdire toute utilisation de produits chimiques.	

Pour vous aider

Je suis de votre avis, D'accord sur ce point, Il est exact que ... vrai que ... En effet, ... Je veux bien.	mais ... mais quand même ... Mais tout de même ... Ça n'empêche pas que ... Pourtant ...

6. Pour en savoir plus

Le Tour perturbé

La route du Tour de France a de nouveau été bloquée hier dans la matinée, par des agriculteurs des Hautes-Alpes, mécontents de leur situation économique. Leurs revendications: réagir contre la baisse de leurs revenus. Ils protestent contre les taxes prélevées sur le gas-oil, l'augmentation des prix des produits chimiques nécessaires, les charges sociales qui écrasent les petits et les moyens paysans. «Le revenu des agriculteurs français baisse depuis 8 ans» affirme un jeune producteur.

Les réactions des spectateurs du Tour ne sont pas toujours favorables à l'action des agriculteurs. «Regardez-les. Ils se plaignent tout le temps, déclare une commerçante. Mais les jolies villas autour du village n'appartiennent pas aux ouvriers, que je sache. Tout le monde a des problèmes.»
Les enfants, eux, sont heureux. Ils ont vu les coureurs plus longtemps que prévu.
Les agriculteurs ont libéré la route à 13 h 35.

7. Qu'en dites-vous?

a) «Ça n'a plus de goût.» – Est-ce que les produits chimiques utilisés à la production ou à la conservation diminuent la qualité de la nourriture?
b) Qu'est-ce que vous pensez de l'agriculture «biologique»?
c) Chaque année, des milliers de tonnes de fruits, de légumes et d'autres produits agricoles sont «retirées du marché», c'est-à-dire, détruites. Est-ce qu'il faudrait produire moins?
d) Est-ce que l'utilisation des produits chimiques est dangereuse pour l'environnement? Donnez des exemples.
e) Surproduction dans les pays industrialisés – famine dans les pays du Tiers Monde. Qu'est-ce qu'on pourrait faire pour aider les pays pauvres?
f) Certains jeunes quittent la ville pour fonder une «communauté agricole» à la campagne. Qu'en pensez-vous?

8. La valse des additifs

Savez-vous ce que vous mangez? Probablement pas. L'Américain moyen avalerait chaque année un kilo et demi de produits chimiques divers, camouflés dans sa nourriture: colorants, conservateurs, anti-oxydants et toute la gamme des produits dont se servent les agriculteurs pour produire plus et pour minimiser les pertes. Il n'y a aucune raison de penser qu'en Europe les producteurs n'en utilisent pas.
En fait, la plupart des aliments arrivent sur votre table après un traitement industriel. Et cela veut dire que vous n'achetez pas seulement de la nourriture pure et simple, mais toute une pharmacie avec. Mais: «Sans additifs, la plupart des produits que nous consommons seraient immangeables ou trop chers», déclare un savant. La chimie est-elle donc indispensable?
Est-il nécessaire de colorer les biscuits en jaune pour faire croire qu'ils contiennent de l'œuf? Est-il bien nécessaire de colorer certains jambons industriels pour leur donner l'aspect d'un jambon acheté chez un boucher qui travaille encore selon les recettes de la tradition artisanale?

Certes, les consommateurs font de plus en plus attention et exigent des produits «sans additifs». La liste des additifs que l'on trouve sur les étiquettes, les effraie. Mais un expert est d'un tout autre avis: «Les aliments naturels n'existent pas. En fait, il y a des produits chimiques dans tous les aliments.»

Texte adapté d'après Le Nouvel Observateur du 22. 11. 1977

9. Des mots pour le dire

consommer qc.	etwas verbrauchen
avoir le choix (entre …)	die Wahl haben (zwischen …)
la prudence	Vorsicht
le consommateur averti	der aufgeklärte Verbraucher
la circonspection	Umsicht
circonspect	umsichtig
un aliment	Nahrungsmittel
une alimentation	Ernährung
la vente	Verkauf
les prix augmentent	die Preise steigen
baissent	fallen
empaqueter	ein-, verpacken
déballer	auspacken
le producteur	Hersteller
l'agriculteur	Landwirt
agricole	landwirtschaftlich
l'éleveur	Viehzüchter
la baisse des revenus	Einkommensverlust
l'augmentation (f) des …	Steigerung d…
les charges sociales	Soziallasten, -abgaben
la taxe	Steuer
prélever une taxe	eine Steuer erheben
les frais de production	Produktionskosten
le produit chimique	Chemikalie
un additif	Zusatzstoff
un conservateur	(hier): Konservierungsmittel
un colorant	Farbstoff
un anti-oxydant	Konservierungsmittel
détériorer	schädigen
la détérioration	Schädigung
un engrais	Düngemittel
artificiel	künstlich

manifester (contre …)	demonstrieren (gegen …)
la manifestation	Demonstration
la grève	Streik
être mécontent (de qc.)	unzufrieden sein (mit …)
revendiquer qc.	eine Forderung erheben
la revendication	Forderung
se plaindre de qc.	sich beklagen
une indignation	Zorn
être favorable à qc.	für etwas sein

Quellenverzeichnis

Texte:

S. 35   Après l'horrible accident de Beaune
© Le Nouvel Observateur du 6.8.82

S. 50/51 Pour une femme, c'est toujours plus difficile.
© Le Nouvel Obervateur du 3.11.80

S. 53   Demande aux femmes
aus «Aujourd'hui les femmes»
© 1975 by Productions musicales Alleluia, 10, rue Saint Florentin, 75001 Paris

S. 59   Les jeunes et leur famille
© Le Nouvel Observateur du 30.10.82

S. 62/63 Racisme et violence
© Le Monde Diplomatique de septembre 1977

S. 71/72 La Bretagne se sent menacée.
© Le Nouvel Observateur du 25.3.78

S. 77/78 La Valse des additifs
© Le Nouvel Observateur du 22.11.77

Abbildungen:

E. Ander, München: S. 12 oben; S. 13 unten – K. Düwell, Krefeld: S. 62 – Pix, Paris: S. 68 (Photo von Jos de Doaré); S. 69 – Plantu, Paris: S. 66 – R. Rinaldi, München: S. 6; 14; 20; 21; 24; 26; 32; 38; 44; 56; 74 – U. Rogner, Ismaning: S. 50 rechts – Süddeutscher Verlag, München: S. 12 unten; S. 13 oben – J. Vabre, Paris: S. 50 links.

Der Verlag dankt den genannten Unternehmen und Personen für ihre freundliche Genehmigung zum Abdruck von Copyright-Material.